智慧人社 创新与改革

——南宁实践

南宁市人力资源和社会保障局◎组织编写

中国劳动社会保障出版社

图书在版编目（CIP）数据

智慧人社创新与改革：南宁实践 / 南宁市人力资源和社会保障局组织编写 . -- 北京：中国劳动社会保障出版社，2024. -- ISBN 978-7-5167-6520-3

Ⅰ. F249.276.73-39；D632.1-39

中国国家版本馆 CIP 数据核字第 20249SR010 号

中国劳动社会保障出版社出版发行

（北京市惠新东街 1 号　邮政编码：100029）

*

北京汇林印务有限公司印刷装订　　新华书店经销

787 毫米 × 1092 毫米　16 开本　9.5 印张　87 千字

2024 年 6 月第 1 版　　2024 年 6 月第 1 次印刷

定价：50.00 元

营销中心电话：400-606-6496

出版社网址：http://www.class.com.cn

前　言

习近平总书记在2018年新年贺词中发出郑重而铿锵的时代号召："我们要以庆祝改革开放40周年为契机，逢山开路，遇水架桥，将改革进行到底。"

弹指六年间，南宁市人社部门以习近平新时代中国特色社会主义思想为指导，认真贯彻落实习近平总书记两次视察广西的重要指示精神，牢记总书记对壮乡人民的深情厚谊和殷殷嘱托，坚持以人民为中心的发展思想，坚持守正创新，在改革浪潮中奋楫前行。2018年底在全国率先打造南宁"智慧人社"全业务一体化系统，率先实施人社"一门式"服务改革，全局系统各大板块业务均在数智化进程带动下实现改革突破，"免申即办""打包快办""区块链+人社""智慧人才""智慧人事"等多项亮点工作走在全区、全国前列。这些工作创新不仅在当地深受企业和群众欢迎，人社数智化建设"南宁经验"还获得人力资源社会保障部肯定、推广，在全国产生了广泛影响。

见微知著，睹始知终。本书收录了南宁市人力资源和社会保障局近年来建设"智慧人社"全业务一体化系统、推动实施人社"一门式”服务改革的经验和做法，并收录多个“免申即办”等改革实践案例，深度剖析该部门如何发挥改革先锋作用，在改革中筑牢民生保障网，助力经济社会发展。

在改革前行的道路上，南宁市人社部门将继续按照党的二十大报告提出的“创新是第一动力”的指引方向，继续向改革开放创新要动力，把准方向、守正创新、真抓实干，为人民群众带来更多的幸福感、获得感、安全感！

目　录

第一章

综述篇

党的十八大以来，以习近平同志为核心的党中央作出实施国家大数据战略和建设数字中国、智慧社会等战略部署，要求推动政府管理创新与互联网、物联网、大数据、云计算、人工智能等信息技术深度融合，全面推行审批服务“马上办、网上办、就近办、一次办”。国务院出台加快推进“互联网 + 政务服务”等工作指导意见，提出政务服务“一网通办”和“只进一扇门”“最多跑一次”等系列要求。广西壮族自治区党委政府吹响数字广西建设号角，要求深入推进政务数据“聚通用”，全面推动政府数字化转型，不断优化办事创业和营商环境。如何依托信息化手段，实现企业群众“只进一扇门、只跑一个窗、只上一张网、办好所有事”，成为各级党委政府的现实课题。

2018 年至今，南宁市人社部门深入学习贯彻习近平新时代中国特色社会主义思想，认真贯彻落实各级党委政府深化“放管服”改革等系列工作部署，紧紧围绕企业群众“只进一扇门、只跑一个窗、只上一张网、办好所有事”服务目标，大胆摆脱条条框框束缚，积极克服各种困难，用创新的思维、改革的办法、持续的韧劲着力推进人社服务信息化建设，在全国率先建成全业务一体化的南宁“智慧人社”系统，并以此为基础创新开展“线上一网通、线下一门办”“免申即办”“打包快办”“区块链+人社”“智慧人才”“智慧人事”等多方面改革。从“人找政策”到“政策找人”、从烦琐的申报材料到轻松的“一键办理”、从“多头办事”到“一网通办”，南宁人社以大数据赋能人社服务、以智能化引领改革创新，回应百姓诉求关切，解决群众“急难愁盼”，打通了人社部门服务民生的“最后一公里”，让群众切实享受到智慧城市带来的快捷与便利。南宁人社不仅赢得了社会各界的广泛好评，也赢得了全国人社系统的热情点赞，成为人社服务数智化改革探路的新样本。

第二章

综合改革篇

综合改革案例一

“智慧人社”一体化系统平台建设及人社“一门式”服务改革创新

为深入学习贯彻习近平新时代中国特色社会主义思想，扎实落实人社系统行风建设、人社服务快办行动、人社信息化便民服务创新提升行动等工作部署，南宁市人社部门主动探索、大胆创新，于2018年12月18日在全国率先建立“智慧人社”全业务一体化系统，并同步启动人社全业务“一门式”服务改革，创新打造“线上一网通、线下一门办”人社服务新体系，工作取得良好成效。

群众在南宁人社服务大厅办事，可享受“一门式”服务

一、改革背景

（一）贯彻落实党中央、国务院深化“放管服”改革等系列决策部署

近年来，党中央、国务院对深化“放管服”改革、“互联网 + 政务服务”、政务数据“聚通用”等方面作出一系列决策部署。

2018 年 5 月 23 日，中共中央办公厅、国务院办公厅印发《关于深入推进审批服务便民化的指导意见》，要求：全面推行审批服务“马上办、网上办、就近办、一次办”；深入推进审批服务标准化；大力推行审批服务集中办理；着力提升“互联网 + 政务服务”水平；创新便民利企审批服务方式。

2020 年 10 月 29 日，《中共中央关于制定国民经济和社会发展第十四个五年规划和二〇三五年远景目标的建议》提出：加快数字化发展，加强数字社会、数字政府建设，提升公共服务、社会治理等数字化智能化水平；加快转变政府职能，推进政务服务标准化、规范化、便利化。

2022 年 2 月，《国务院关于加快推进政务服务标准化规范化便利化的指导意见》（国发［2022］5 号）要求：2025 年底前，政务服务标准化、规范化、便利化水平大幅提升，高频政务服务事项实现全国无差别受理、同标准办理；集约化办事、智慧化服务实现新的突破，“网上办、掌上办、就近办、一次办”更加好办易办，政务服务线上线下深度融合、协调发展，方便快捷、公平普惠、优质高效

的政务服务体系全面建成。

2022 年 6 月，《国务院关于加强数字政府建设的指导意见》（国发〔2022〕14 号）要求：推动政务服务线上线下标准统一、全面融合、服务同质，构建全时在线、渠道多元、全国通办的一体化政务服务体系；推行政务服务事项集成化办理，推广“免申即享”“民生直达”等服务方式，提高主动服务、精准服务、协同服务、智慧服务能力。

（二）积极响应人力资源社会保障部关于加强人社信息化建设等部署要求

近年来，人力资源社会保障部在全国人社系统部署开展“互联网 + 人社”行动、加强人社系统行风建设等工作。

2018 年，人力资源社会保障部印发《关于进一步加强人社系统行风建设工作方案》（人社部发〔2018〕34 号），明确提出：2018 年，全面梳理各部门权力清单、服务清单、问题清单底数，彻底清理烦扰企业和群众的奇葩证明、循环证明、重复证明等无谓证明，不断优化人社领域审批和公共服务事项，做到清权、减权、晒权、制权一体推进，有效提高人民群众满意度。2019 年，全面完成各事项标准化、信息化工作规程，初步实现县以上审批和公共服务事项“一站式”办理和“一窗通办”，培树一批全国人社领域先进服务典型，不断提升窗口经办人员服务意识和服务作风，明显提高人民群众满意度。2020 年，基本形成平稳有序、运转高效的行风建设工作机制，全面建成全国统一的人社公共服务平台，实现各级审批和公共服务“马上办、就近办、一次办”；全面完成“互联网 + 人社”2020 行动计划任务，80% 以上的服务事项可以网上办，实现数据多跑路、群众少跑腿；窗口经办人员能力素质和服务作风显著改善，显著提高人民群众满意度。

2021 年，人力资源社会保障部《关于开展行风建设提升行动持续优化人社政务服务的意见》（人社部发〔2021〕107 号）要求：“十四五”期间，推出更多“打包办”服务，基本实现线上“一次不用跑”和线下“最多跑一次”；推出更多“无证明”事项，实现无谓证明和重复材料不用交；推出更多“提速办”业务，实现更多事项即时办结、免申即办。人社政务服务好评率稳步提升。

（三）主动适应企业群众对人社便民服务的新需求新期待

随着国家推进政府职能转变和深化“放管服”改革系列决策部署，信息技术对人民生活的影响不断加深，各地各部门服务观念、转变工作作风不断强化，近年来创新政务服务模式，“只进一扇门”“最多跑一次”“不见面审批”等改革措施不断涌现，企业和群众对像“网上购物”“在线支付”一样便捷的人社便民服务有了新的期待。

一是对公平服务的新期待。期待公共服务均等化、资源分配合理化、群体差异最小化；希望在政府部门办事“老人小孩都好办”“本地外地都能办”“城乡标准都统一”“线上线下都方便”。

二是对阳光服务的新期待。期待经办流程主动公开、办结时限主动告知、办理结果主动公示；希望在政府部门办事“进度可查询、过程可监督、结果可评价”。

三是对便捷服务的新期待。期待减材料、减证明、减时限，随时办、随地办、随心办；希望在政府部门办事“不进门，网上办；进一门，一窗办；简便事，自助办”；从“分头办”向“协同办”转变，从“多次办”到“一次办”转变。

群众在南宁人社服务大厅自助服务一体机上自助办理业务

二、改革难点

（一）思想上不愿意，推动难

建立大集中系统，需要废除原有业务系统，打破现有操作习惯，后续还要提需求、搞测试，大家认为“多一事不如少一事”；部分业务系统为上级部门建设，还要做好“上上下下”的沟通协调工作。推进“一门式”服务，对办事窗口、流程、理念、习惯均带来巨大冲击，甚至触动个别部门、个别干部的利益，引起抵触心理；加上机构改革启动，部门面临职能划转，一些干部认为“事不关己”，被动应付。

（二）业务上太繁杂，下手难

人社业务一直具有管理政策多、业务事项多、服务对象多、手工办理多的特点，并且基层长期以来业务事项底数不清、规程五花八门、数据七零八落，甚至有的业务口从没用过系统。要让大家短时间内做标准、提需求，并在全国没有先例的情况下，做到人社全业务“业务协同、一门服务”，从领导到职工都“心中没底”。当把2 600多项业务需求摆出来时，开发商也觉得是“历史性挑战”。

（三）精力上顾不上，投入难

实施改革前，南宁市作为贫困人口最多的省会城市之一，特别是人社部门作为脱贫攻坚公共服务的组长单位，脱贫攻坚成为全市人社系统首要政治任务。同时，稳就业保民生、优化营商环境、“美丽南宁”、治欠保支、社保征收体制改革等一系列重大攻坚任务，也需要耗费部门上下极大精力，让干部职工觉得分身乏术。

（四）各方面涉及广，协调难

国家、自治区层面按业务分块建设国垂、省垂系统，要求基层统一使用，市级政府层面也要求市县各级业务部门统一使用政务一体化平台，南宁市人社局要建的一体化系统，必须横向对接市级政府的平台，纵向对接自治区层面的平台，系统接口、数据共享等协调难度很大。此外，数千万建设资金的筹集，县区人社部门的参与，区、市、县各级定点医药机构的协调，等等，都是一个个需要突破的“坎”。

三、改革做法

（一）标准一体化，规范管理服务标准

一是晒清单，让企业群众对“能办什么事”一目了然。规范四级公共服务事项，全面梳理市、县、乡、村四级人社公共服务事项，统一编制公共服务事项目录，形成《南宁市人力资源和社会保障局系统公共服务事项清单》，其中，市级 248 项、县 200 项 / 城区（开发区）95 项、乡镇（街道）11 项、村（社区）11 项。清单向社会公布，并结合实际动态调整修订。

二是定指南，让服务对象对“怎么去办事”清清楚楚。按照“简单、简化、简要”原则，统一编制全市人社公共服务事项的服务规范、统一梳理申请表单，根据群众办事习惯统一编印办事指南，以流程图、宣传册、电子书等通俗易懂的形式，将填报信息、提交材料、申请表格、办理流程、完成时限等摆出来、讲明白。

三是亮规程，让办事人员对“怎么办好事”明明白白。统一编制全市人社经办规范，严格执行办理事项、办理流程、办理材料、

办理时限“四个明确”，建立全市统一的标准化业务流程，让在窗口服务群众的干部职工搞得明明白白。

四是统服务，让企业群众“线上线下办事”方便快捷。线下，在市本级和7个县（市、区）建立了标准统一的南宁市人社公共服务大厅，统一服务事项、服务流程、服务设施，规范设置“综窗”、咨询、帮办代办、跨省通办、“四不”反映窗口、自助服务区等；线上，规范网厅、App、微信公众号等5个服务渠道服务标准，企业和群众无论在哪个渠道办事都能确保服务无差异、标准都统一。

（二）业务一体化，构建整体政务服务体系

按照人社全业务一体化管理服务的原则，对就业创业、社会保险、劳动关系、人事人才4大人社领域，梳理数字化业务流程，从服务视角出发，对业务流程进行一体化重构，打造跨部门跨层级跨地域集成化应用场景，建立数据融通、业务协同的关系，部门按职责完成共享责任和对接责任，实现管理服务模式的数字化转变，构建人社整体政务服务体系。例如，失业人员全链条服务，就是针对失业人员，把社保部门的增员和减员、失业待遇申领和停发业务与就业部门的就失业登记、岗位推送、补贴发放等业务进行全链条贯通，做到数据相互融合、业务协同办理、服务一体推送。

（三）信息一体化，强化数字治理

一是搭建一体化平台，人社全业务“一网”通用。南宁市人社局全面废除了原来由各单位和部门按业务自建的10多套业务系统，

按照一体化的原则对传统的基础支撑平台进行重构设计，搭建了紧耦合的一体化技术底座，在此基础上建成覆盖人社全业务的“智慧人社”一体化的业务经办管理系统平台、公共服务系统平台、监管决策系统平台、创新应用系统平台，从系统技术层面全面对接支撑全新的业务一体化标准。同时预留创新空间，支持各级人社部门及时根据形势和要求提出优化业务流程、改进服务、应用先进技术、拓展监控维度的新需求，“一地创新、全市复用”，确保新思路、新技术、新理念在“智慧人社”系统平台得到快速实现与升级迭代，以数字化改革赋能人社政务服务新体系的建设，助力人社事业高质量发展。

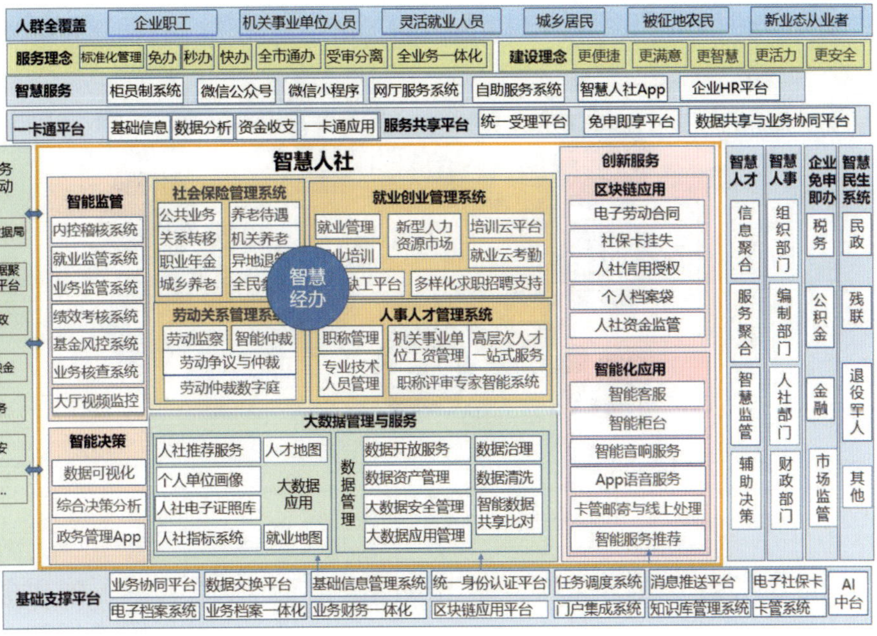

南宁“智慧人社”系统总体框架设计图

二是打造一体化数据资源库，人社全数据“一库”统管。在一体化设计的总体架构下，南宁市人社局按照“一人一号一卡、一企一号”的原则建立全市人社业务数据库，通过“技术筛选、人工审核”“后台整合、前台验证”的方式，持续开展了6轮大型数据治理专项行动，最终将分散在各个自建系统的近13万条用人单位信息、1 200多万条个人信息汇聚、整合，完成了全市数据“一网集中、一库统管”的改造，并通过平台直联、数据共享等机制，推动数据“内部融通、外部联通、上下贯通”，实现“数据聚通用”。

南宁“智慧人社”业务数据库建设

三是搭建一卡通平台，城市居民服务“一卡”通办。建立全市统一的社会保障卡“一卡通”平台，对接人力资源社会保障部电子社保卡平台，划分政务服务、交通出行、旅游观光、就医购药、待遇补贴等“一卡通”应用场景，输出“一卡一码”身份凭证功能，汇聚“一卡通”应用场景数据。现已实现人社“线上一网通、线下一门办”服务和“一卡（码）通办”；电子社保卡与南宁“智慧城市”建设深度融合，提供扫码就医购药、进图书馆、进动物园、商超购物等跨部门、跨领域公共服务，实现智慧城市“一码通城”；将人社掌握的就业、参保、维权等数据归集进入全市信用数据库，完善个人诚信档案信息，实现智慧信用“一码归集”。

（四）服务一体化，保证服务质量

一是平台集中，一次办。按照人社全业务一体化大集中的要求，实现全市人社业务办理在一个平台、数据管理在一个系统。深化“线上一网通、线下一门办”服务，构建全方位、多渠道、一体化服务体系。线下，布设人社全业务“一门式”受理的人社服务大厅，窗口业务 100% 一门服务，实行“一窗受理、系统流转、限时办结、统一反馈”，实现“进一门能办人社所有事、到一窗办好人社所有事”；线上，开通网上大厅、App 等办事渠道，对外业务 99% 上网，群众在哪个平台都是一样的标准、一样的服务。还面向全市配备 81 台“自助申报、自动受理、智能审核”的智能柜台及 500 多台智慧人社自助服务一体机，布局“24 小时不打烊”的自助服务。

二是数据融通，一并办。发挥数据“聚通用”优势，再造服务流程，推进人社业务部门内融合办理。在全国率先实施“高校毕业生就业”“企业招用员工”“失业”“创业”“职工退休”“申领社保卡”“劳动维权服务”“个人补贴申领”等16个企业群众眼里的“一件事”打包办服务，其中共有11个包涉及20多个部门60多个跨部门事项，实现“一包受理、一站接收、一套材料、一网推送、一次办结、一线评价”，为企业群众提供“打包办”“提速办”服务100万家（人）次，减少群众跑腿15万次，减少填写表格约15万份，减少重复填报信息项超90万项，减少提交材料10多万份。在此基础上，与组织、教育等部门探索跨部门协同，打造“智慧人才”“智慧人事”等一体化服务。

三是智能贯通，自动办。依托“数据聚通用”优势，探索建立了智能对比、精准筛选、主动推送、安全确认、准确发放的南宁便民惠企“免申即办”服务模式，将企业和个人申请补贴的经办流程，从“研究政策—准备材料—反复咨询—跑腿申报—等待审核”，简化为“一键确认”，构建从申办到秒办、从秒办到免办服务新体系，实现“政策找人、补贴找企”，民生政策“一出台、即落地”，企业群众“对条件、就享受”，解决了惠民政策的“可及性”问题。南宁市人社局25项“免申即办”服务，为30万家（名）企业和群众主动发放补贴超19亿元。在此基础上，联动广西自贸试验区南宁片区打造“惠企服务免申即办平台”，推进地方经济贡献奖等自贸区惠企奖励补贴实现“零跑腿、零材料、零见面、零申报”服务。

（四）监管一体化，做到阳光运行

一是实行全业务“受审分离”机制，实现“受理不办理、办理不见面”。在明确业务事项、明确业务标准的基础上，严格权限管理，强化内控制约。将“一门式”对外经办事项（233项）的办事流程全部拆分为“受理—经办—反馈”三大流程，实行人社全业务受审分离机制，通过“线上线下多平台统一受理—系统智能推送分头办理—线上线下多平台统一反馈”，让企业和群众实现“进一门、一窗办，不进门、网上办，简单事、自助办”。此外，打造“区块链+人社资金监管”平台，引入审计、财政、纪检等部门进行资金安全联合监管。

二是打造全天候“可视可查”体系，实现“全流程跟踪、全过程监管”。通过平台直联、数据共享等多种机制，打造“综合监控”平台，在服务上对服务过程全程公开、对办理进度实时跟踪，在内控上对人员操作全程追溯、对资金管理实时预警。充分发挥人社服务对象广、服务链条长的信息优势，对系统汇集的人社服务数据进行分析挖掘，从业务板块、服务对象、经办模式等不同维度建立数据分析模型，设立30多个实时监测界面，为业务监督、运行监测、领导决策提供优质高效的数据支撑，同时结合区块链、大数据、数字证书等技术手段，强化数据安全性、操作合法性、决策科学性。

三是发挥全链条“好差评”作用，实现“办事更高效、体验更满意”。结合招募志愿者现场体验、安排局长带队走流程、在线民情“直通车”等方式开展好政务服务“好差评”，实现“一事一评”，不断改进线下“告知不明了、材料不精简、填报不简洁”和线上“界面不友好、导航不清晰、功能不健全、操作不简便”等问题，努力打造“办事最高效、服务最贴心、体验最满意”服务。目前，南宁人社服务好评率达 99.96%。

南宁“智慧人社”综合监控平台

四、改革成果

南宁“智慧人社”系统平台成为南宁“智慧城市”的核心服务平台之一，是全市一体化“大政务”平台建设的重要依托。数据上，已形成辐射联动政务、人才等领域的数据库；业务上，已搭建以人社业务为主体，横向延展组织、编制、财政、科技、民政、公积金等多部门的协同服务机制；服务上，已深度融合人社全业务并拓展跨部门服务，形成“智慧人才”“智慧人事”等“大政务”服务格局。

（一）创新成效得到企业群众广泛点赞

“智慧人社”业务一体化系统一上线，就历史性实现人社多个事项“一次办”、社保各类个人缴费“零跑腿”、灵活就业人员“免申请”领取社保补贴等新功能，受到群众广泛点赞；后续相继推出“免申即办”“即申秒办”“区块链+人社”“劳动维权一体化平台”等便民服务，得到企业和群众高度赞许。特别是“政策找人、补贴找企”“免申即办”兑现服务模式，累计为企业群众“零跑腿、零材料、零见面、零申报”兑现各类补贴20亿元，成为2020年新冠肺炎疫情防控期间援企稳岗“最及时最快速的政策红利”。

（二）创新成果得到社会各界广泛认可

南宁市智慧人社战“疫”平台获2020银川国际智慧城市博览会“特殊贡献奖”；“区块链+人社”案例入选工业和信息化部2022年区块链典型应用案例，获中国通信学会（CIC）2020年区块链技术与应用创新成果认证，被中国通信研究院、中国通信标准化协会作为政务区块链办事案例写入《政务区块链发展白皮书（2020

年）》；南宁“智慧人才”一体化平台作为优化中小企业发展环境主要经验做法，被中国中小企业发展研究中心写入《2022 年度中小企业发展环境评估报告》。相关改革经验被《人民日报》、新华社、人民网、新华网、央视网、《中国日报》《工人日报》《中国劳动保障报》《中国组织人事报》等主流媒体报道 1 600 多篇次，极大地激发了干部职工创新服务的热情。

（三）创新做法得到国家部委、各级党委政府高度肯定

人力资源社会保障部先后 2 次专门选择在南宁市召开全国现场（观摩）会，3 次通过公开文件推广南宁的经验做法或创新举措，16 次安排南宁在全国性工作会议作经验介绍，25 次邀请南宁在全国性培训班作经验授课，并选择与南宁市政府共建全国首个“智慧人社联合创新实验室”。各级领导先后实地考察“智慧人社联合创新实验室”并给予高度肯定。2021 年 12 月，时任自治区党委书记在自治区党委人才工作会议上点评肯定南宁“智慧人才”一体化服务模式；2021 年 6 月，时任自治区主席在南宁召开座谈会，明确在全区推广“智慧人社”系统；2022 年 11 月，南宁智慧人社工作案例入选中国干部网络学院网络通识课程；2023 年 3 月，南宁人社改革案例获评 2022 年度“全区改革攻坚十佳成果”。此外，自治区党委政府等各级部门 18 次发文向全区推广南宁经验；江苏、天津、深圳等 30 多个省区市的 200 多个单位团队先后到南宁市学习交流；市人社局主要领导等同志先后 11 次受邀到江苏、山东、深圳、雄安等兄弟省市

上门介绍南宁经验。

“人民对美好生活的向往，就是我们的奋斗目标。”行风建设没有终点，为民服务永无止境。南宁市人社局将聚焦群众“急难愁盼”，不断开拓前行，倾力打造群众满意的人社服务。

综合改革案例二

创新推进公共服务“免申即办”改革 加速政策红利惠企利民

近年来，南宁市认真贯彻落实党中央、国务院深化“放管服”改革系列决策部署，按照自治区党委政府工作要求，以在全国率先建成的全业务一体化“智慧人社”系统为依托，充分发挥“业务全覆盖”和“数据聚通用”优势，从人社领域率先探索推进公共服务“免申即办”改革，推动“政策找人、补贴找企”公共服务大变革，打造出民生政策“一出台、即落地”和企业群众“对条件、就享受”的服务新生态。自2019年初启动实施以来，南宁市已推出“免填表”“免申报”“免跑腿”“免见面”的“免申即办”服务25项。其中“企业新增岗位社保补贴申领”“稳岗返还申领”“灵活就业社保补贴申领”“公益性岗位社保补贴申领”“以工代训补贴申领”等涉及补贴类事项15项，合计发放补贴20亿元，得到各方赞誉。2020年4月被人力资源社会保障部纳入“人社服务快办行动”的重点改革实践经验；2021年3月被列为广西自贸试验区最佳实践案例复制推广；2021年4月被纳入人力资源社会保障部《深入实施“人社服务快办行动”》文件，要求全国人社部门积极探索；2022年升级为

“免申即享”服务并被写入国务院文件向全国部署；先后被《人民日报》、新华社、《光明日报》等媒体报道400多篇次；获全国人大常委会领导、人力资源社会保障部主要领导、自治区人民政府主要领导等各级领导现场考察肯定。

南宁市惠企服务免申即办平台

一、改革背景

长期以来，政府公共服务尤其是各种惠企利民补贴发放一般实行“申办制”，由企业或群众先“了解政策”，再“主动申报”，最后由部门“核准同意”。实际落实中，尽管政策宣传线上线下“铺天盖地”，却难以做到对惠及对象的“全覆盖”，大量企业特别是广大小微企业对各种政策往往“无暇顾及”或由于“心中没底”，就算知道政策也常常“无动于衷”，普遍存在“谁知道、谁申报、谁享受”的被动服务格局。

（一）“不了解”“不懂办”，政策落地不理想

调研发现，对各种涉企政策，一般只有专设人力资源部门或专门配备劳资人员的大中型企业才会专门搜集、研究，广大小微企业往往没精力关注、没时间了解。据2018年对南宁高新区93家企业走访，只有47家了解“稳岗返还”政策，基本无了解或没关注的46家企业中有38家（约83%）为小微企业。据系统比对，2018年全市实际申请“稳岗返还”企业（3 423家）仅占符合条件企业（24 363家）的约14%。由于大量企业“不了解”“不懂办”“不愿办”，导致政策红利“缩水”。

（二）“报材料”“填表格”，申办手续仍复杂

企业反映，尽管“稳岗返还申领”精简到只需填写1份《企业稳岗返还申请表》，但表格却涉及“银行账号”“开户行”“上年末在职职工人数”等11项信息和“申请企业”“法人代表”2个印章，一旦填错就得返回企业修改、盖章。对“灵活就业社保补贴申领”，南宁市在广西率先将6份材料简化到1张社保缴费凭证，但就业困难人员仍然要每季度“跑了社保、跑就业”，打印、提交社保凭证。小微企业申请“吸纳毕业生社保补贴”虽然实行网上申报“零跑腿”，但办理仍需提供“营业执照”“开户许可证”“中小微企业认定

函”等8项材料，其中“中小微企业认定函”还需到工信部门专门开具。正因如此，一些小微企业或办事群众因为担心手续复杂，加上有些补贴额度也不大，就轻易放弃了补贴申报。

（三）“人工审”“逐项对”，经办部门压力大

无论是前台申报还是网上申报，企业或群众提交的表格和材料均是人工填报（或录入），审核时都需经办部门一一检查复核，尤其是“银行账号”“开户行”等信息，审核时常常发现填写错漏，不得不退回当事人再修改。对手工提供的原件，还需电子扫描和整理归档。此外，政策落地率不高，也倒逼经办部门反反复复组织开展政策宣传，有的重大政策为了确保落地，甚至还要一家家企业走访、一户户家庭告知，使经办机构和基层一线耗费大量的时间和精力。

（四）“对象多”“资金大”，内控管理风险大

政府公共服务事项尤其是各种补贴发放，涉及服务对象多，资金量也较大，审查管理的要求严格。但由于申办过程涉及人工填报、人工受理、人工审核，面临着表格填写不规范、签名不清晰、盖章不对应，甚至资料造假、人情审批、权力寻租等系列风险；一些县区经办部门人手严重不足的情况下，内控管理面临更大压力。

二、改革难点

（一）政策要求转变为“技术参数”，技术瓶颈问题解决难

“免申即办”服务改革是将各种服务要求、补贴条件转变为

"技术参数"，从而实现向合规对象主动推送服务。这一改革颠覆了以往的经验和做法，业务流程、数据技术标准、风险控制均无前路可借鉴，人社与工信、发改、财政、税务、市场监管等部门之间的政务数据交换难题难以解决。

（二）办事习惯转变为"免除申报"，经办人员思想转变难

"免办"服务在流程上无需申报、无需提供证明材料，一定程度上突破政策，带来审计风险。业务经办部门人员出于自身安全管理的考虑，裹足不前，不敢推进改革，导致"免申即办"的具体业务模式迟迟不能推出。

（三）被动服务转变为"主动推送"，推动服务改革落地难

为改变以往各种惠企利民补贴发放"申办制"的被动服务格局，"免申即办"服务是主动向符合条件对象推送办理服务，转变了服务方式，形成了主动服务格局。但是，大部分办事群众对政府部门的主动服务心存疑虑，害怕个人信息泄露而不敢确认，对"免申即办"服务难接受，服务改革难落地。

三、改革措施

（一）主动检索、智能比对，精准"筛选"合规对象

《国务院关于在线政务服务的若干规定》第七条规定：政务服务机构通过数据共享能够获得的信息，不得要求行政相对人另行提供。南宁市依托"智慧人社"系统内部融通、外部联通、上下贯通

的数据管理优势，将各种服务要求、补贴条件转化为技术参数，开发专门的“免申即办”应用程序，通过智能比对分析，自动筛选出符合条件的企业或群众。例如，开发“稳岗返还免申即办发放平台”，将“依法参保”“足额缴费”“裁员率”3个政策要求转为技术参数，智能筛选全市符合“稳岗返还”条件的企业；建立“灵活就业社保补贴免申即办发放平台”，将人才市场的“高校毕业生报到数据”、社区的“就业困难人员认定数据”与社保经办机构的“灵活就业参保数据”、市场监管部门的“工商登记数据”定期比对，筛选符合补贴条件的高校毕业生和就业困难人员。

（二）主动告知、确认意愿，精准“复核”服务信息

南宁市依托目前近90%的参保企业已经开通经CA认证的“网上办事大厅”（简称网厅）业务权限的管理优势，以及对企业负责人、企业劳资人员、参保人员进行全员手机号码登记的工作基础，通过“免申即办”应用程序主动发送手机短信告知企业劳资人员等服务对象，通过网厅弹窗提示办事人员，进行申报确认、信息复核和诚信承诺。例如，公共就业服务机构登录“企业新增岗位社保补贴免申即办发放平台”，对合规企业通过网厅弹窗和手机短信定期推送补贴告知信息，提示企业登录网厅进行操作。企业劳资人员登录网厅后即可看到《企业新增岗位社保补贴申报确认书》弹窗，如愿意申报并确认信息无误，直接点击“同意”即可；如存在其他情况，则可选择“信息修改”“放弃”或“暂不处理”等操作。对个人类补

贴或服务，则由当事人通过手机短信进行申报确认和信息核实；涉及管理风险较大的服务事项，还可引导当事人点击链接进行人脸识别确认。

（三）主动检查、做好公示，精准“兑现”服务结果

按照政策文件要求，做好审核、公示等工作，进而直接发出资金拨付或服务指令。例如，“稳岗返还”发放，由社保经办机构定期登录免申即办发放平台，对系统已分类整理的企业确认信息进行检查、审核；在排除僵尸企业或者严重失信企业等不宜发放补贴的情形后，分批建立补贴发放名册，组织集中公示；然后通过系统平台将公示后的审定结果向金融机构直接发出资金发放（转账）指令，最终完成资金拨付工作。

（四）主动防控、动态跟踪，精准“守护”资金安全

南宁市从法律、政策、信息管理等层面多方研究、多维防控，确保民生补贴发放既“花得出去”，更“花得安全”。《国务院关于在线政务服务的若干规定》第八条规定：政务服务中使用的符合《中华人民共和国电子签名法》规定条件的可靠的电子签名，与手写签名或者盖章具有同等法律效力。对此，在法律层面，让企业类补贴由企业人员通过CA数字证书登录网厅操作，个人类补贴做好手机实名登记情况复核，确保了服务对象对补贴信息、后续用途、违规责任等确认信息在法律上不可抵赖；在政策层面，通过确认“同意”这一工作流程，确保了服务对象按照政策文件完整表达“由申请人

提出申报”的“申报”意愿，并对补贴用途等工作要求做出承诺；在技术层面，把企业或群众的确认信息生成一对一的电子档案留存，将企业补贴通过“社银直联”精准发放到对公账户，将个人补贴精准发放到对应的社会保障卡金融账户，对系统识别不符合补贴条件的企业或人员自动中断补贴发放；等等。以上措施确保了各环节系统留痕监督，减少人为干预。

四、改革成果

（一）政策落地大幅提升

自 2019 年 8 月起实施稳岗返还“免申即办”发放，实施后 3 个月为 13 032 家企业发放 3 831.44 万元，惠及企业数超过前 5 年全市累计总和。特别是 2020 年新冠肺炎疫情防控期间，人力资源社会保障部等国家五部委于 2 月 5 日联合印发《关于做好疫情防控期间有关就业工作的通知》（人社部明电［2020］2 号）提出“加大失业保险稳岗返还力度”，南宁人社部门迅速响应，依托智慧人社“免申即办”发放平台，在国家政策出台后 36 小时内完成首批 78 家企业 100.05 万元稳岗返还资金的拨付，在全国率先落地疫情防控期间援企稳岗有关政策；2 月 24 日，南宁成为全国首个稳岗返还政策惠及超 1 万家企业的城市；全年共为 3.49 万家企业发放稳岗返还资金 3.40 亿元，涉及职工 60.22 万人，政策落地率由 2018 年的 14% 提高到 95% 以上。同时，依托“免申即办”发放平台迅速落地“以工代训”补贴政策，助力企业复工复产，短短 1 个月时间向全市 14 943

家企业发放 1.1 亿元补贴，远超全国各大城市兑现效率；企业新增就业岗位社保补贴 2020 年发放 8 957 家次 8 782.55 万元，惠及企业补贴金额也同比增长了 3 倍多。改革有效地破解了各类惠企利民补贴“谁知道、谁申报、谁享受”的被动落地难题。

疫情防控期间，南宁公共交通集团有限公司获得人社部门迅速为其“免申即办”发放的稳岗返还资金

（二）小微企业实惠明显

“免申即办”实行前，小微企业由于不能及时了解掌握政策，加之人数少、补贴额度也不大，更担心手续复杂，实际申报补贴占比非常低。2018 年统计，雇工 50 人以下申领“稳岗返还”的小微企业仅占符合条件企业的 11.9%。“免申即办”改革后，“上门申请”变成“在家确认”，在 2020 年核发稳岗返还的 29 514 家企业中，雇

工 50 人以下的小微企业占 27 498 家，占比超过 93%，有效破解了小微企业因缺乏专业人员研究政策而带来“不了解”“不懂办”“怕难办”的政策落地困境，让广大小微企业真切体验到国家政策红利。自 2021 年 7 月起实施小微企业吸纳高校毕业生社保补贴“免申即办”发放后，2 个月为 2 467 家企业发放 3 393.01 万元，小微企业受惠数是上一年的 20 倍。拥有 27 名职工的南宁市某科技有限公司于 2020 年首次领得稳岗返还资金 3 952.2 元，企业负责人上门表示感谢，认为“免申即办”是真正优化营商环境，实现了从“政策公平”到“服务公平”的质的飞跃，让小微企业对党和政府的支持有了更加真切的感知。

（三）办事负担大幅减轻

实施“免申即办”改革后，补贴申领全程“零表格”“零材料”“零跑腿”，全市目前已实施的 15 项补贴业务每年为企业和群众免去跑腿 6 万多人次、减少材料 7 万多份。例如，长堽社区居民李某是一名就业困难人员，过去为了领取“就业困难人员灵活就业社保补贴”，她需要每个季度先去银行缴费、打印缴费单子，再去社区就业窗口申请；现在只要每季度按时缴社保，补贴就自动拨付到她的银行账户。广西某科技公司负责人莫女士说道，前期她也曾想为企业申请稳岗返还资金，但一看申请表要填写“银行账号”“开户行”“上年末在职职工人数”等 11 项重要信息、加盖 2 个印章，觉得烦琐还可能因填错“返工”，想想自己 30 人的企业估计也没多少补贴就放弃申请了。实行“免申即办”后，她登录网厅、一键“同意”，就拿到了1 400多元的补贴，由衷赞许“服务是大改变、是真简便”。

南宁市民“免申即办”领取“就业困难人员灵活就业社保补贴”

（四）审批效率大幅提高

“免申即办”后，“系统筛选”替代“企业申报”，节省了前台窗口等待企业申报的受理时间，也节省了后台部门对企业提交的《补贴申请表》等材料的审核时间。同时，“零材料”也减少了经办机构扫描档案、人工传递等时间消耗。目前，企业新增岗位社保补贴、稳岗返还补贴、灵活就业社保补贴、公益性岗位社保补贴等，从企业或群众确认到经办审核、经办复核平均不超过 2 个工作日，每周按批集中公示后就可立即发放，审批效率均提高 50% 以上。

（五）经办风险大幅减少

“免申即办”后，系统智能筛选符合条件企业或群众，免除企业和群众提交申报材料，杜绝了对材料的造假，减少了人工审核的主观风险；同时，将企业的业务办理交由通过 CA 数字证书登录网厅的企业劳资人员或负责人，将企业缴纳社保对公账户作为补贴发放唯一账户进行锁定，将个人社保卡金融账户作为个人补贴发放唯一账户进行维护，杜绝了企业经办人员“不报告”“入私户”和个人补贴被代领等风险；将企业或群众反馈的复核信息生成一对一的电子档案留存，对每一笔补贴资金严格做到申办意愿确认、账户信息复核、违规责任承诺，强化了申报信息的法律认可、服务追溯和跟踪监管，确保了民生资金既“花得出去”，更“花得安全”。

利民之事，丝发必兴。人社服务“免申即办”改革使审批程序越来越简，政策落地越来越快，监管能力越来越强，服务水平越来越高，得到了广大企业和群众的热烈点赞，工作做法目前正向广西自贸试验区等有关政务服务部门拓展延伸。下一步，南宁市将在当地党委政府的坚强领导下，进一步深入研究，扎实落实人力资源社会保障部关于推进人社服务便民利企系列工作部署要求，以更大的改革力度、更扎实的改革举措全力推进当地人社事业改革发展。

综合改革案例三

深入实施“人社服务快办行动”推出16个“打包一件事”

2020年4月，人力资源社会保障部作出开展“人社服务快办行动”的重要部署以来，南宁市积极响应人力资源社会保障部号召，认真贯彻自治区人力资源社会保障厅有关工作部署，依托南宁“智

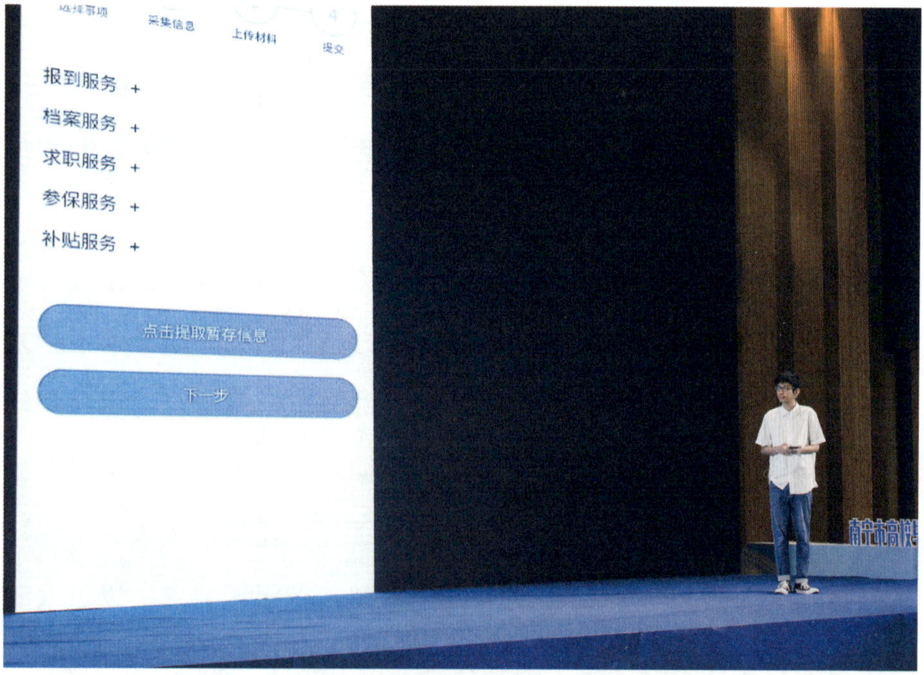

2020年6月10日，南宁市举办高校毕业生就业“打包一件事”上线仪式，高校毕业生现场体验办理高校毕业生就业“打包一件事”

慧人社”系统平台优势，工作始终走在全国前列。

一、改革背景

近年来，党中央、国务院对深化“放管服”改革、进行审批服务便民化作出一系列决策部署。人力资源社会保障部认真贯彻落实党中央要求，以加强系统行风建设为发力点，大力开展“清事项、减材料、压时限”工作，编制出台系统政务服务建设事项清单，大力精简证明材料，积极推行“互联网 + 人社”改革，人社服务质量和效能得到持续提升，人民群众的满意度逐年稳步提高。

改革服务无终点，优化服务无止境，为进一步落实党中央持续深入推进“放管服”改革、优化营商环境等方面新要求，更好地满足企业、群众对高质量人社服务的需求，2020 年 4 月 24 日，人力资源社会保障部印发《关于开展“人社服务快办行动”的通知》（人社部发〔2020〕26 号），要求全国各级人社部门围绕人社服务高频事项，大力开展“人社服务快办行动”，2020 年底前，力争实现 10 个以上企业群众眼里的“一件事”打包办理，10 个以上高频服务事项在规定办理时限基础上提速 50%。

二、改革难点

（一）思想难统一

开展“人社服务快办行动”，将多件事项打包简化成“一件事”，推进关联事项“打包办”、高频事项“提速办”，需要精简受理材料、压缩办理时限，这对相关业务部门来说，存在一定的业务风险，也增加了经办人员压力。因此，部分业务部门害怕担责，不能打破固有思维，存在不敢、不愿推进改革的现象。

（二）流程难梳理

将涉及多部门、多事项、多环节的办理流程予以业务整合和流程再造，进一步减事项、减材料、减环节、减时限，整理成一张材料清单，推出套餐式集成服务，做好流程梳理尤为重要。而做好业务流程全面梳理整合和流程再造，需要投入人力物力并对业务非常熟悉才能做到；同时，涉及的业务繁杂，梳理难度大。

（三）标准难制定

南宁市聚焦市场主体、居民就业和底线保障等三方面民生热点开展“人社服务快办行动”，对于打包事项应该减什么材料、减什么环节、怎么减时限，没有统一的标准，需要对打包项目、业务流程图、服务界面、填报信息、提交材料、申请表格、服务短信、经办推送机制、结果反馈机制逐一研究，标准难制定。

三、改革做法

（一）强化技术支撑，“一套系统”兜到底

以南宁市全业务一体化“智慧人社”系统为依托，充分发挥“业务全覆盖”“数据聚通用”的服务优势，不断完善“一网通”平台，不断优化“一门式”服务，不断强化“受审分离”机制，从受

理、经办、反馈三大环节为“打包快办”服务提供全流程坚强保障。全市 242 项（占比达 99%）人社公共服务实现网上经办或查询服务，225 项窗口服务事项 100% 纳入“一门式”服务，畅通“打包快办”服务多点受理渠道；在全市各级人社部门全面推行“受审分离”机制，确保推送顺畅，夯实“打包快办”服务基础。

（二）坚持标准先行，“一套工序”抓到底

以打包办为重点，按照线上线下同步走的原则，建立三大步骤 20 道实施工序。严抓需求研究，组织对打包项目、业务流程图、服务界面、填报信息、提交材料、申请表格、服务短信、经办推送机制、结果反馈机制逐一研究，并由指挥部办公室统一审定。严抓开发实施，扎实推进需求编制、软件开发、应用测试、应用完善、试运行工作。严抓上线运行，严格要求做好办事指南编制、工作手册编制、工作通知印发、业务培训、对外宣传、服务检验等工作。指挥部办公室先后召开近 60 次专题会审核把关。

（三）坚持市县一体，“一根竿子”插到底

把县区落实、基层兑现作为检验快办行动实效的主阵地，推动各项部署落地落实。市县一体设计，围绕“全市通办”，在开发设计上做到群众无论线上线下，无论哪个县区，打包事项都一样选择，提速事项一样快捷。市县一体部署，按照“市县同步”标准，对每一个事项都统一办事指南、工作手册，统一业务培训、部署上线，组织县区开展业务培训 8 场。市县一体督办，立足“同频共振”，指

挥部对各县区统一督查，开展系统监测，并现场督战，相继召开2场县区推进现场会交流经验；组成调研组赴县区开展快办行动专项调研，针对县区反馈的56项困难问题进行专项整改督办，优化整改率达92%。

（四）聚焦民生热点，“一件事”管到底

聚焦市场主体、居民就业和底线保障等三方面民生热点，自我加压将人力资源社会保障部确定的10个“一件事”拓展为16个“一件事”，力争把企业群众眼里“一件事”管到底、办彻底。一方面，拓展打包内容，对其中9个“一件事”新增51项服务事项，把“一件事”打包得更全面；另一方面，拓展办事场景，创新增设“劳动维权服务”“个人补贴申请”“单位补贴申请”“工伤待遇服务”“单位培训鉴定服务”“人才服务”等6个“一件事”，为企业群众提供更多打包选择。同时，主动跳出部门思维，联动14个部门推

南宁市人社部门推出16个“打包一件事”

动40个事项“跨部门”打包。例如，劳动者小黄是南宁市某木材加工厂员工，2020年6月在作业过程中被机器割伤手指，同时还被该厂拖欠2019年7月的工资。她用手机登录南宁人社微信公众号，点击劳动维权服务“打包快办”，足不出户同时勾选办理劳动监察投诉、工伤认定申请等劳动维权、工伤维权事项，接到申请后，人社部门受理岗迅速推转给各个有关经办岗，按规定时限为小黄办理了相关事宜。

（五）坚持服务至上，“一把尺子”量到底

始终把群众满意不满意作为服务标尺。严把智能关，按照“一包受理，可大可小；一站接收，可窗可网；一套材料，可拆可合；一网推送，可内可外；一次办结，可先可后；一线评价，可好可差”的标准，全力做好开发设计工作。严把便捷关，依托数据共享、业务协同、服务承诺等方式，全力推进“一表受理”、服务简化，16个包共减少重复填报信息800多项，减少填报表格60多张，减少提交材料300多项。严把服务质量关，做好“开门纳谏”，全市公开招募100名服务体验志愿者现场体验，安排局长带队走流程，鼓励微信平台提意见，监测服务“好差评”，收集并整改服务质量等问题200多个。已开展服务检验的“打包一件事”均被评为五星级。

四、改革成果

（一）自我加压，“打包办”“提速办”项目居全国前列

推进16个“打包一件事”和25个“提速办”事项全面上线，涉及全市人社公共服务事项共289个次，涉及量居全国前列，其中人才服务“打包一件事”包含事项高达52个。已为企业群众提供“打包办”“提速办”服务45万多家（人）次，实现企业群众跑腿越来越少、材料越来越简、时限越来越短、体验越来越好。

（二）全面提速，高校毕业生就业、劳动维权服务、个人补贴申请、单位补贴申请等4个“打包一件事”在全国率先或创新上线

2020年6月10日，上线高校毕业生就业“打包一件事”，人力

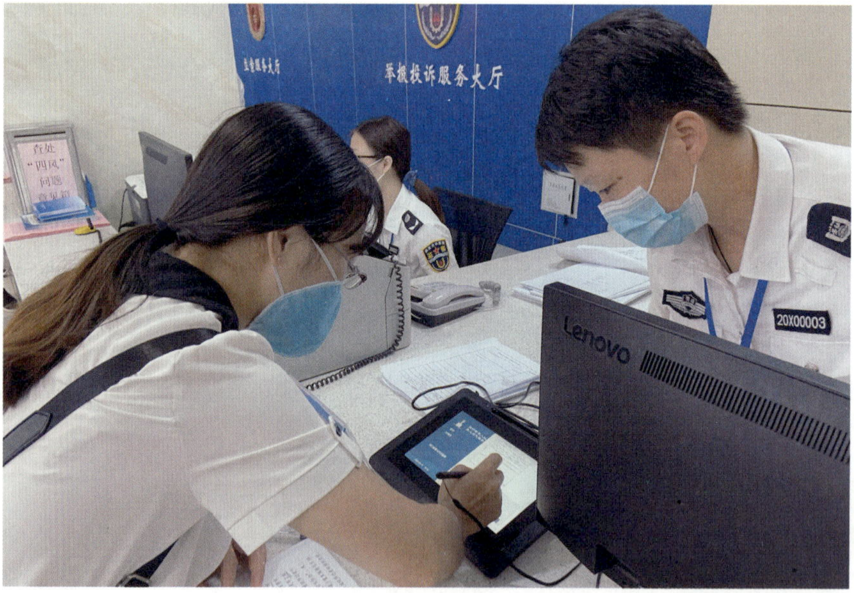

2020年8月19日，南宁市劳动监察机构工作人员正在指导群众办理劳动维权服务“打包一件事”

资源社会保障部调研组出席上线仪式并组织10个省市现场观摩和全国人社部门观看视频直播；2020年8月7日，上线劳动维权服务“打包一件事”，受到《人民日报》、新华网等媒体关注并报道。个人补贴、单位补贴“打包一件事”将23项补贴一并打包、一网办结，为企业群众提供巨大便利。

（三）多方联动，内聚外联部门数位居全国前列

主动跳出部门思维，联动人社系统外部门推动“跨部门”打包。例如，将企业法人数字证书向公积金中心共享，推进人社、公积金网厅“互联互通”，实行“五险一金”一号认证、一网通办。目前，16个“打包一件事”中，共有11个包涉及20多个部门60多个跨部门事项。其中，“人才服务”包将分散在科技、公安、住房、教育等12个部门的28个跨部门事项整合，真正为人才提供线上线下“一站式”服务，为“智慧人才”一体化平台打下坚实基础；“事业单位聘用工作人员”包将编制部门的编制办理、财政部门的统发工资等15个事项一并打包，实现多步变一步，而且“零跑腿”。

（四）智能引领，推动“打包快办”与南宁市在全国领先的“即申秒办”“免申即办”“区块链＋”服务全面融合

充分发挥智慧人社系统优势，将失业金申领等16项“即申秒办”、《就业创业证》申领等19项“免申即办”，以及将区块链电子劳动合同等智能服务全面融入“打包快办”工作。其中，单位补贴“打包一件事”涵盖“稳岗返还申领”“公益性岗位社保补贴申

领”“企业新增岗位社保补贴申领”等6个“免申即办”事项，企业申请单位补贴包内任意事项，系统智能审核到企业符合相关补贴条件时，将自动推送确认信息后发放补贴资金，企业符合条件即可“一网享尽”各类补贴。

2020年7月15日，“广西南宁市推出高校毕业生就业‘打包一件事’服务”入选人力资源社会保障部《各地就业工作快报2020年第（5）期》稳就业保就业典型经验。

2021年11月20日，广西壮族自治区人民政府印发《关于做好中国（广西）自由贸易试验区第二批自治区级制度创新成果复制推广工作的通知》（桂政函〔2021〕144号），向全区推广广西自贸试验区第二批自治区级制度创新成果，南宁市人社部门3项改革经验入选。其中，“人才就业社保综合服务‘打包集成快办’改革模式”被列为加快政府职能转变方面的改革试点经验。

综合改革案例四

打造全国首个“区块链 + 人社”应用平台 构建链上民生服务新生态

为深入落实党中央、国务院深化“放管服”改革、推进数字政府建设等系列部署，近年来，南宁市人社部门以信息化技术为手段，主动探索区块链技术在民生领域的应用，并于 2020 年 1 月在全国率先上线“区块链 + 人社”平台，建立广西首个“区块链 + 政务”服

2020 年 1 月 15 日，南宁市“区块链 + 人社”应用平台发布会在南宁国际会展中心举行，广西吉明建筑劳务有限公司总经理张利明与来自贺州的农民工魏香请当场签订南宁市第一份区块链电子劳动合同，图为农民工魏香请（左）正在进行合同签订前的人脸识别认证

务平台，构建链上民生服务新生态。

一、改革背景

近年来，全球科技创新进入空前密集活跃时期，超越理论或概念，飞出实验室，与生活的方方面面紧密相融。其中，“区块链 + 政务”擦出的火花，在给人们提供便利的同时，也因其广阔的应用前景，受到各级党委政府的高度重视。2019 年 10 月，中共中央政治局就区块链技术发展现状和趋势进行第十八次集体学习，会议提出：要探索“区块链 +”在民生领域的运用，积极推动区块链技术在教育、就业、养老、精准脱贫、医疗健康、商品防伪、食品安全、公益、社会救助等领域的应用，为人民群众提供更加智能、更加便捷、更加优质的公共服务。

与此同时，信息化技术虽然在提升政务服务水平方面发挥了巨大作用，但在运算结果是否可靠、部分协同权责是否明晰、信息安全是否能够保障等方面，仍存在一些疑问。如何确保信息的安全性、即时性和可靠性，已经成为数字政务服务发展亟待解决的问题。

二、改革难点

（一）“区块链 +”在政务领域建设的标准规范难以统一

“区块链 +”融入政务服务作为正在探索的新事物，目前尚未形成成熟的标准体系和服务生态，各级政府部门和社会对“区块链 +”的认知与接受程度不一，建设标准规范不够统一，对于区块链之间的融合和数据在更大范围内的流通有一定的影响。

（二）“区块链 +”在实际业务场景的应用推广难以推进

“区块链 +”要在实际场景中应用，必须充分了解及分析研究各部门业务办理的具体要求及流程，只有这样才能有效应用“区块链 +”技术。在政务应用中，只有深入了解业务、分析业务痛点，才能有效提高平台的利用率及易用性；只有站在办事群众角度看问题，尽量简化操作流程，提升使用体验感，才能使“区块链 +”技术很好地应用到实际业务。

（三）各部门间数据共享、协作信任的传统观念难以改变

区块链天生就拥有公开透明的特性，使其在政务等对数据高度敏感的领域，凸显了应用“缺陷”，会让办事群众、各级政府担心基本信息和交易信息是否安全可靠，而这一特性也是实现各部门数据共享、业务协同的有效途径。虽然区块链的应用可以解决传统数据传输安全性低、易篡改、真实性无法校验等问题，但是其是否安全可靠仍导致各部门望之却步。

三、改革做法

（一）建立不可抵赖的“确权 + 维权”机制，打造更具公信力的政务服务平台

依托区块链技术和“智慧人社”CA（电子签章）、人脸识别等便捷认证服务，建立人社、公证、仲裁、信用、工会等部门共同认

可的“区块链电子劳动合同平台”，实现链上数据生成、存储、使用和更新全程留痕，为用人单位和劳动者提供劳动合同在线签署、在线存储、在线查验和在线互认服务，切实解决日常“取证难、示证难、认证难、存证难”等问题，形成不可抵赖的“确权 + 维权”机制。平台上线受到企业和劳动者热烈欢迎，已有 4.6 万名新入职劳动者通过平台与企业签订电子劳动合同，基于维权需要开展在线查验合同 5 152 人次，为推动规范劳动用工、依法参保、根治欠薪，助力企业复工复产发挥了重要作用。

（二）建立全程线上的“取信 + 授信”机制，打造更具价值的信用服务平台

依托区块链技术和“智慧人社”数据大集中优势，将企业登记、招工、参保、缴费、劳动守法等数据和群众社保、就业、收入、职称、职业资格等数据融合建立人社信用链，并与信用、金融、保险、担保等合作机构联动布设区块链服务节点，建立“区块链人社信用授权平台”。通过依法授权信用查询或检索，方便企业和个人依托良好的人社信用“全程线上、无纸申办”获得融资服务、信贷支持等，形成依法参保、规范管理、稳定就业等良性循环，更好发挥人社信用的市场和社会价值。2020 年 11 月 25 日，联合建设银行广西分行在全国率先推出区块链授信“社保快贷”服务，参保人“一键授信、快速审批、迅速放款”，目前已办理人社信用授权 2.3 万人次，办理社保、金融功能一步“双挂失”业务 12 374 人次，首月发放贷款 300 多万元。

2020 年 11 月 25 日，南宁市人社局联合建设银行广西分行正式推出基于区块链技术的“社保快贷”个人版金融服务

（三）建立跟踪一生的“建档＋用档”机制，打造更准画像的民生档案平台

依托区块链技术和“智慧人社”数据“聚通用”优势，在全国率先搭建“区块链民生档案袋”平台，将参保人员出生、求学、就业、培训、收入、就医等全生命周期档案信息上“链”，并提供个人身份证、户口本、护照、资格证等证照主动上传服务，实时提供在线查阅，为参保群众打造最具活力、最全记录、最准画像的全生命“经历轨迹”和“电子证照”。目前，民生档案袋已涵盖全市 500 万个市民群众，涉及民生数据 3.25 亿条，105 412 人已主动上传证照补充完善个人档案袋。

（四）建立立体监管的“账户 + 账册”机制，打造更加安全的民生资金管控平台

依托区块链技术，建立“智慧人社”业务平台与金融账户平台直联，联动审计、财政、纪检等部门直接监管的“区块链 + 人社资金监管”平台。通过就业、社保、培训、人才等涉及资金的业务部门上“链”业务审批、资金拨付，监管机构上“链”实时监控、动态跟踪，实现“家家有账目、事事难抵赖”，形成多方参与、立体监管的阳光服务格局。目前，已上线运行“区块链 + 就业资金监管”“区块链 + 职业培训资金监管”，涉及全市 5.7 亿元补贴发放，下一步还将推进“区块链 + 社保基金监管”“区块链 + 人才资金监管”等。

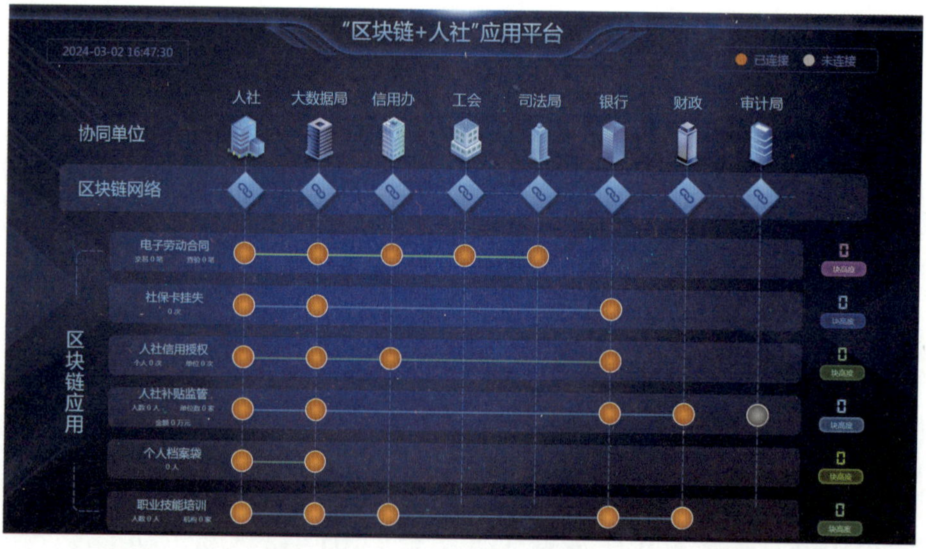

“区块链 + 人社”应用平台

四、改革成果

“区块链 + 人社”平台完成与市大数据局、建设银行等 20 个法人单位的联盟服务链搭建，上线运行电子劳动合同、社保卡挂失、人社信用授权、民生档案袋、人社资金监管等 5 项全国性创新应用，构建起跨部门、跨领域的链上民生服务新生态。

（一）技术方案得到国家专业部门认定

2020 年 9 月 28 日，南宁市与东软集团合作推进“区块链 + 人社”技术解决方案，获得工业和信息化部隶属的中国通信学会（CIC）2020 年区块链技术与应用创新成果认证；12 月 22 日，在中国通信研究院等单位主办的“2020 年可信区块链峰会”的区块链政务应用论坛上，该平台作为政务区块链办事案例被写入《政务区块链发展白皮书（2020 年）》。

（二）创新成果得到国家部委高度肯定

2020 年 9 月 1 日，南宁市受邀在人力资源社会保障部召开电子劳动合同线上研讨会作经验发言。2020 年 11 月 3 日，智慧监察建设组专题调研南宁市区块链电子劳动合同应用并给予肯定；作为核心工作亮点参加 2020 年度保障农民工工资支付工作考核得到检查组高度肯定，为广西在全国省级政府考核中首次被评为 A 级做出了贡献。2020 年 12 月 11 日，人力资源社会保障部信息中心专题调研南宁市“区块链 + 人社”平台并给予高度肯定。2023 年 2 月，工业和信息化部向全国公布 62 个 2022 年区块链典型应用案例，“南宁市

‘区块链 + 人社’平台”入选“区块链 + 政务服务”方向案例。

（三）创新成效得到社会各界广泛点赞

2021 年 11 月 20 日，“区块链 + 人社”民生服务场景应用新模式被列为广西自贸试验区第二批自治区级制度创新成果向全区推广。2020 年 7 月 29 日，南宁区块链应用成果被写入《广西壮族自治区区块链产业与应用数据发展规划（2020—2025 年）》。人民网、新华网、《中国劳动保障报》《广西日报》等各级主流媒体重点宣传报道 30 多篇；自上线以来，先后有广东、江苏等 20 多个省市地区 80 多个团队赴南宁调研学习工作经验。

综合改革案例五

创新设立人社“四不”反映窗口

为深入学习贯彻习近平总书记关于力戒形式主义官僚主义重要论述和2022年党中央关于“疫情要防住、经济要稳住、发展要安全”重要要求，扎实落实《国务院关于加快推进政务服务标准化规范化便利化的指导意见》（国发〔2022〕5号），全力打好稳就业保民生攻坚战，持续优化营商环境，提升企业和群众的满意度，南宁市人社部门依托“智慧人社”“数智人社”改革，积极推进人社政务服务工作模式和运转方式变革，决定在全市人社系统服务大厅创新设立“四不”（“办不成事”“招不到人”“找不到工”“领不到薪”）反映窗口，以人民为中心，以问题为导向，着力为企业解决“急难愁盼”问题，为群众破解“疑难杂症”，主动加压服务要求，强化服务意识，增强服务效能，力求最大限度满足企业和群众办事需求。

一、改革背景

（一）认真落实国家、自治区有关决策部署

《国务院关于加快推进政务服务标准化规范化便利化的指导意见》（国发〔2022〕5号）和《广西壮族自治区人民政府关于加快推进政务服务标准化规范化便利化的实施意见》（桂政发〔2022〕28

2022 年 8 月，群众在“四不”反映窗口咨询

号）提出：设置“办不成事”反映窗口，提供兜底服务，解决企业和群众办事过程中遇到的疑难事项和复杂问题。

（二）积极响应企业群众诉求

设立“四不”反映窗口是企业和群众的迫切需求。随着经济社会发展，企业和群众对政务服务要求越来越高，利益诉求日益增多，如何更好地服务企业群众，提高行政机关的公共服务能力是加强行风政务建设的关键。就业招聘、劳动报酬等都是企业和群众最关心最关切的问题，对人社部门而言，设置“四不”反映窗口，主动加压服务要求，是坚持以人民为中心、以问题为导向的具体体现，是着力解决企业和群众“急难愁盼”和“疑难杂症”的实际行动。

（三）充分发挥信息化基础优势

2018 年底，南宁市建成全业务一体化“智慧人社”系统，实现所有业务一网办理、所有数据一网管理，为收集汇总各渠道反馈的“疑难杂症”提供了必要的技术支撑；实施“一门式”服务改革，设立“一门受理”的综合窗口，也为设立“四不”反映窗口提供了可靠的现实经验。

二、改革难点

（一）问题反映渠道“分散独立”，投诉响应速度慢

南宁“智慧人社”系统建成之前，企业和群众问题反映渠道较为分散，收集问题主要依托各窗口单位工作人员人工记录和传递，存在易错、易漏、传递效率低、投诉处置速度慢、问题归集难等问题。“四不”反映窗口改革要想取得成效，快速准确收集企业和群众意见是基础，及时转办处置问题是关键，要做好这些工作，必须建立一套科学高效的受理经办系统和完善的工作制度。

（二）增设专窗属于“自我加压”，改革推动阻力大

根据国家及自治区部署，只需设置“办不成事”反映窗口。增设招不到人、找不到工、领不到薪等企业和群众最关注的热点问题反映窗口，经办人员工作量增加，在思想上难免产生抵触；加上“四不”反映窗口在一定程度上可以映照出其他普通业务办理窗口或

业务办理流程中存在的短板和不足，一些干部职工存在逃避心理。

（三）反映问题多为“疑难杂症”，协调解决难度大

改革推进过程中，企业和群众提出的“四不”问题，有的是“不能办”，如违反相关法律或政策；有的是“很难办”，如需要跨部门协调，或者跨地区协调才能办理；有的是“不给办”“拖延办”，如办事人员不作为，或者害怕承担责任。就“四不”事项的处置问题，针对不同的原因，需要拿出不同的解决方案。

三、改革做法

南宁市人社部门在政务服务信息化建设过程中，依托“智慧人社”业务系统建立“四不”反映事项受理经办系统，创新设立“四不”反映窗口，专窗专人受理解决企业群众“急难愁盼”问题，并在“南宁智慧人社 App”等网络平台同步设置线上反映端口。对属于人社部门职责内的事项，强化担当、及时解决；对属于人社部门职责外的事项，换位思考、积极协调；对已有政策支持的诉求，设身处地、加速落地；对暂无政策支持的诉求，积极引导、耐心解释，最大限度让企业和群众理解、满意。

（一）聚焦“疑难杂症”，让“办不成”的事“办得成”

“办不成事”主要聚焦企业和群众反映业务办理遇到的“疑难杂症”问题，由窗口安排专人负责接待群众咨询、听取群众意见建议、受理并协调处理群众诉求，对受理的问题进行分类、剖析、归

纳、总结，梳理出共性问题解决方案，最大限度让不好办、不知怎么办的“办不成”的事“办得成”。同时，南宁市人社部门还对企业通过全市“企业‘办不成事’诉求直达快办”平台反映的事项进行快速处置。截至 2023 年底，已办结“办不成事”反映事项 326 件。例如，广西南宁一家医疗器械有限公司反映向税务部门缴纳社保费用未能扣缴成功，导致无法开具职工最新社保缴费证明。“四不”反映窗口安排专人跟进，迅速查明原因，及时协调相关部门，为企业顺利开具了社保缴费证明。又如，失业人员秦女士深夜 11 点通过线上窗口反映，她通过支付宝及“广西人社”微信公众号申领失业金未能办理成功，询问是否要到线下办理；次日，人社部门核查，发现其前后分别因存在当月缴费及重复申领记录导致线上未办理成功。人社部门终止其中一笔重复申请记录后，秦女士无需到线下办理，已顺利领到失业金。再如，韦女士到上林县社会保险事业中心“四不”反映窗口咨询企业职工基本养老保险跨省转移问题。经了解，韦女士在广东中山市有超过 3 年的一次性缴纳养老保险费情况，但转出地没有由人民法院、审计部门、实施劳动监察的行政部门或劳动人事争议仲裁委员会等部门提供的相关法律文书，只有转出地税务部门提供的社会保险费事项通知书。且韦女士在中山市缴纳的养老保险年限长，又临近退休年龄，如果其养老关系转移不成功，将影响其正常办理退休手续，有损个人利益。了解上述情况后，窗口工作人员主动为韦女士填写了《“办不成事”事项登记表》，随后该中心工作人员主动联系中山市社保经办机构和中山市税务局，充分了解韦女士在中山市办理养老补缴的过程和当地政策，并积极向自治区、南宁市社保中心反馈情况并征求指导意见。在得到自治区社保中心符合接收条件的肯定性指导意见后，该中心第一时间告知韦女士并指导其办理养老保险关系转移。最终韦女士成功将其养老保险关系从广东中山市转回上林县。

2022 年 8 月，群众在“四不”反映窗口登记“办不成事”事项

（二）聚焦“招工难”，帮企业及时“招得到人”

“招不到人”主要聚焦企业在后疫情时代集中复工复产面临的

招工压力以及新能源、电子等用人需求较大的制造业企业“招工难”问题，由窗口引导企业用好线上线下公共人才就业服务平台，免费给企业提供线上发布和现场招聘等绿色通道，协助企业做好人力资源专业服务等供需对接，帮助企业解决招工用工问题。截至 2023 年底，已受理解决企业招工需求 72 件。例如，南宁邕城公共交通有限公司反映，因第 19 届中国—东盟博览会新冠肺炎疫情防控需要，急需招聘 300 名随车人员，招聘难度较大，窗口受理后第一时间帮助企业通过公共就业服务平台发布招聘信息，一周内即完成人员招聘，累计安排上岗 480 人次。又如，广西某钢结构有限公司到横州市就业服务中心“四不”反映窗口反映需要紧急招聘电工（机修工）2 名，该企业在 2 个多月的时间里都没有招聘到合适的人员。窗口工作人员在详细了解了企业招聘条件、薪资待遇等情况后，立即通过“横州就业”公众号、镇村级公共就业服务平台、村委干部工作群、干部职工朋友圈等渠道发布该企业的用工信息，同时安排工作人员负责收集求职者信息并将信息第一时间反馈给企业。信息发布当天，就为企业推荐了 8 名求职人员。经过双方面试，企业成功招到 2 名员工，解决了用工难题。再如，广西某体育用品有限公司和广西某服装有限公司均为开发区的劳动密集型企业，由薪资水平吸引力低于发达地区、员工流失率高、上班时间长等原因导致企业出现“招不到工”的情况，其主动向广西—东盟经开区人社局“四不”反映窗口反映企业“招不到人”问题。接到企业的“招不到人”问题诉求后，开发区人社局组织专人与用人单位点对点信息对接，及时准确掌握用人单位的用工需求，跟进协调解决招工用工出现的困难，协助用人单位开展企业介绍、招聘动员、人员面试、用工输送等工作。开发区人社局通过开展“春风行动”“民营企业招聘月”“金秋活动月”“下乡进村专场招聘会”；出台《开发区重点企业（项目）用工推荐奖励方案》，奖励做出贡献的公共就业服务机构、人力资源服务机构；与宾阳县、马山县、东兰县、凤山县、巴马县、环江县、天峨县、大化县、靖西市、那坡县等10个县市签订劳务协作协议；利用南宁教育园区的资源优势，组织相关高等院校和职业院校领导到用人单位开展“访企拓岗”，拓宽学生就业渠道；利用各

2023年2月，高校毕业生在“四不”反映窗口咨询业务

人力资源市场、就业部门的网站、微信、微博、QQ 群发布用工信息等工作措施，提高了企业招聘成功率。2023 年开发区人社局为提出诉求的广西某体育用品有限公司招工 1 508 人，为提出诉求的广西某服装有限公司招工 809 人。

（三）聚焦“稳就业”，助求职者精准“求职上岗”

“找不到工”主要聚焦高校毕业生尤其是外地生源毕业生、农民工、大龄困难就业人员求职难题，由窗口协调相关部门提供招聘岗位信息推送、求职指导、职业培训、见习引导等服务，帮助高校毕业生、农民工等重点群体实现精准“求职上岗”。截至 2023 年底，已受理解决求职事项 239 件。例如，43 岁的就业困难人员黄某向“四不”反映窗口求助“找不到工”，窗口及时联系相关部门给予帮扶，根据其应聘意愿，先后向其精准推送了保洁、宣传员等 7 个就业岗位，黄某很快在城区政府某部门应聘为宣传员。又如，毕业于桂林理工大学视觉传达艺术设计专业的高校毕业生小范反映在南宁尚未就业，“四不”反映窗口及时协调相关部门根据其专业特点，推荐其应聘南宁市某小学的美术老师岗位，帮助其顺利实现就业。再如，因较长时间找不到工作而待业在家的横州镇大龄失业人员梁某某到横州市就业服务中心“四不”反映窗口反映找不到工作的问题，窗口工作人员详细了解其就业意愿后，通过“横州就业”微信公众号企业招聘岗位数据库，为其精准匹配就业岗位后，推荐其报名面试横州市行政审批局保洁员岗位。梁某某参加面试后，最终被横州市行政审批局成功录用。

（四）聚焦“欠薪治理”，让农民工等群体“劳有所得”

“领不到薪”主要聚焦矛盾突出、关注度较高的劳动纠纷、劳务纠纷等问题，依托窗口将矛盾纠纷化解工作前移，通过强化服务减少涉诉信访问题，帮助农民工等群体维护合法获取劳动报酬权益。截至2023年底，通过“四不”反映窗口协调解决涉及劳动或劳务纠纷问题，帮助劳动者追回劳动或劳务报酬536万余元。例如，从事家政工作的灵活就业人员辛女士反映与南宁市某家庭服务公司产生劳务纠纷，由于劳动关系难以界定“领不到薪”，窗口受理后反馈相关部门上门调解，顺利协调家政公司向其支付8 415元劳务报酬。又如，市民刘先生反映某公司拖欠其8天工资560元，因金额不大无暇追索，一直没有解决，窗口受理后当即联系涉事公司，次日该公司便重新核算并将拖欠工资支付给刘先生。再如，谢某某等21人到宾阳县人社局“四不”反映窗口投诉宾阳县某建筑工程有限责任公司湖景华府二期项目拖欠他们的工资共计4.36万元。宾阳县人社局立即启动“领不到薪”问题处置程序，组织劳动保障监察员进行立案调查，分别对投诉人、劳务承包人进行调查询问，同时向用人单位送达了《劳动保障监察调查询问通知书》，要求其提供该项目施工合同、人员考勤表等材料。用人单位逾期拒不提供材料，不配合调查。随后，宾阳县人社局对用人单位下达了《劳动保障监察限期改正指令书》和《劳动保障监察行政处理决定书》等法律文书，责令其在限期内支付农民工工资。该公司逾期拒不支付，且对宾阳县人社局作出的行政处理决定提起行政诉讼，将宾阳县人社局及谢某某等 21 名农民工诉至人民法院，通过一审、二审，南宁市中级人民法院最终驳回了用人单位的诉讼请求。判决生效后，用人单位最终清偿了谢某某等 21 名农民工的工资。

2022 年 8 月，南宁市劳动保障监察支队前台设置“四不”反映窗口，可受理“领不到薪”等反映

四、改革成果

通过开展“四不”反映窗口改革，南宁人社部门逐步实现线上线下“有呼必应、有诉必接、有接必办、有办必果”的一体化稳就业保民生兜底服务，畅通惠企利民政策落地“最后一公里”，促进营

商环境进一步优化。

（一）系统行风持续提升

南宁人社部门依托“智慧人社”业务系统建立“四不”反映事项受理处置机制，引导培育干部职工逐步巩固“站在群众的角度去想处境，当作自家的事情来想办法”的服务自觉，逐步形成“问题不解决不松劲、解决不彻底不放手、群众不认可不罢休”的务实作风，实现服务意识、服务标准、服务质量“三提升”。

（二）企业群众广泛点赞

在创新设立“四不”反映窗口改革过程中，南宁人社部门为企业群众切实解决了一批热点痛点堵点难点问题，获得了企业和群众的点赞。“四不”反映窗口设置后，南宁人社部门服务满意度由99.96%提升至99.99%。

（三）各级部门普遍认可

“四不”反映窗口相关工作信息获国务院办公厅采用，被中央广电总台《朝闻天下》报道，被《人民日报》《中国劳动保障报》等各级主流媒体宣传报道30多篇，取得较好的工作成绩和社会效益。2023年7月，人力资源社会保障部主要领导到南宁人社服务大厅现场调研，对“四不”反映窗口工作做法现场点赞；在7月下旬召开的人力资源社会保障部务虚会暨人社系统全面从严治党深化行风建设工作会上，还专门安排南宁市作为唯一地市代表介绍人社服务改革创新经验。

第三章

专项改革篇

就业创业

专项改革案例一

创新推出“云招聘” 拓宽线上就业路

一、改革背景

（一）党委政府对就业工作提出新要求

2020 年 4 月 17 日召开的中共中央政治局会议强调，统筹推进疫情防控和经济社会发展，在疫情防控常态化前提下，做好“保”这六方面的工作，即保居民就业、保基本民生、保市场主体、保粮食能源安全、保产业链供应链稳定、保基层运转。“保就业”居“六保”首位。各级党委政府对稳就业、保就业工作做出系列部署和要求。广西壮族自治区人力资源社会保障厅印发《关于做好稳就业保就业监测及重点企业用工常态化服务工作的通知》（桂人社办函［2020］17 号），要求贯彻落实中央和自治区“六稳”“六保”工作决策部署及《人力资源社会保障部办公厅关于建立重点企业用工常态化服务机制的通知》（人社厅发［2020］65 号）等文件精神，建立重点企业用工常态化服务机制，推动人社相关政策落地见效，协助企业解决实际问题，全力做好稳就业保就业及重点企业用工服务各项工作。

（二）新形势下就业工作有新变化

随着我国互联网事业的飞速发展，互联网应用率越来越高。中国互联网络信息中心（CNNIC）发布的第47次《中国互联网络发展状况统计报告》显示，截至2020年12月，我国网民规模达9.89亿，较2020年3月增加8 540万，互联网普及率达70.4%。2020年新冠肺炎疫情给传统的以线下服务为主的就业服务模式带来了巨大挑战，提出了就业服务进一步往互联网延伸的迫切需求。一是农民工求职渠道受限，尤其是年纪稍大的农民工依赖线下招聘模式，不习惯、不适应网络求职。二是农民工难以快速获取线上招聘渠道信息，不了解企业用工情况，很大程度影响农民工求职时机和方向。三是招聘供需双方存在信息差，在缺乏大数据匹配机制的情况下，人岗无法快速匹配，达不到迅速复工复产的目的。

二、改革难点

（一）从技术层面看，“云招聘”要实现线下招聘和线上交互

线上公共就业服务既要实现线下的全部功能，又要能够让企业和群众实现“多对多”的线上连通，既要实现类似线下招聘会的当面交流和简历投递、接收等功能，又要确保网络、数据等技术上能够支撑众多企业、群众大范围转递和传输。

（二）从供需双方看，“云招聘”要获得企业和群众认可

多年以来，线下公共就业服务招聘会是企业和群众认可的招

工、求职渠道。参加线下招聘会，已经成为企业和群众招工、求职的习惯。通过线上“云招聘”的方式促进就业，首先要解决好企业和群众的习惯问题，要实现便捷性、实用性等，获得企业和群众的认可，才会更好地促进就业。“云招聘”要同时解决便民便企的问题。

（三）从应用范围看，“云招聘”要兼顾重点对象需求

高校毕业生、新生代农民工、灵活就业人员等群体对就业质量的期盼日益提高，不同就业群体对就业岗位的需求既有共性也存在差异，同时要不断转变服务的方式方法，适应新业态新模式的产业用工需求，建立供需协调机制，搭建供求双方沟通交流的高效平台。充分利用信息化手段拓展就业信息输送的宽度、广度、深度和维度。

三、改革做法

（一）在全区率先打造招工找工“一体化”平台

南宁市人社部门持续创新工作方式，优化就业服务，依托在全国率先建成的南宁“智慧人社”全业务一体化系统平台，积极拓展线上招聘功能，先后推出了全区首创的“南宁市企业缺工登记平台”及“南宁个人求职登记平台”。

企业和求职者可在线即时快速填报用工求职需求，系统为双方“秒配”适配岗位，努力让“吃饭的口”快速变成“创造巨大财富的手”。南宁市人社部门趁热打铁推出“视频面试”线上招聘会，“视

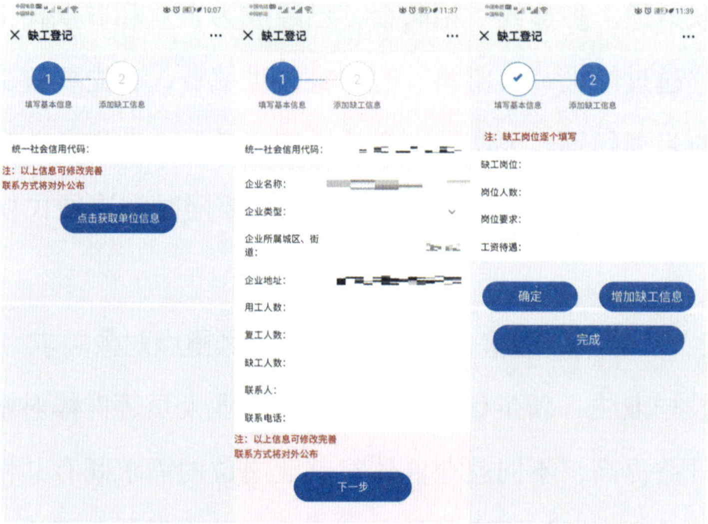

南宁市企业缺工登记平台

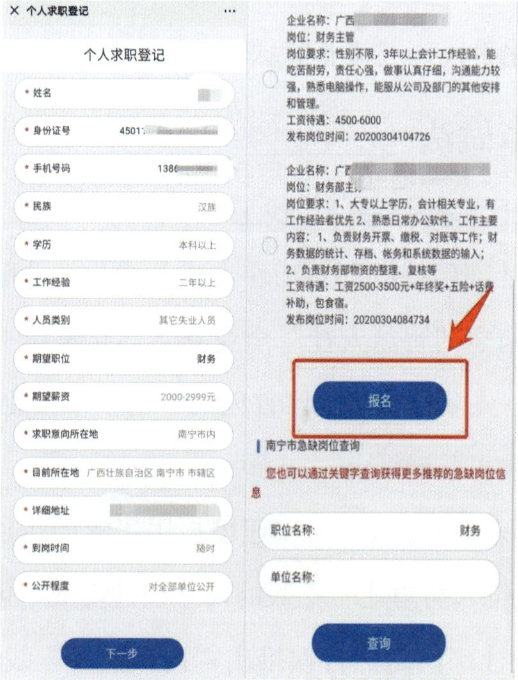

南宁个人求职登记平台

频面试”作为前两个平台功能的延伸和补充，通过线上数据整合，更好地服务全市缺工企业用工，助力求职者求职就业。此项功能利用企业缺工平台和个人求职平台数据，将用工需求较多、较受求职者欢迎的企业与个人求职平台人才库进行数据匹配，依托移动端视频功能组织线上招聘会，企业和求职者通过手机即可实现“零距离、面对面”的面试交流。线上直播“视频面试”高效便捷，易于操作，受到企业和求职者的欢迎，既提高了企业招聘效率，又使求职者足不出户就能求职就业。降低求职招聘门槛、难度，加大求职招聘“连连看”双向速配力度，多角度帮助高校毕业生、就业困难人员等各类求职群体稳定就业、改善民生，增强就业信心，全面助力企业复工复产。

（二）打造推出“邕”抱南宁“职”播间

2021 年 1 月 18 日，南宁市人民政府与人力资源社会保障部信息中心签订合作备忘录，共建全国首个智慧人社联合创新实验室，这是人力资源社会保障部与地方政府共建的全国首个部—市智慧人社联合创新实验室。智慧人社联合创新实验室设立在南宁市人力资源社会保障局。“邕”抱南宁“职”播间是实验室针对疫情防控常态化形势，探索打造的具有壮乡南宁特色的直播带岗、缺工登记、求职登记、简历投递、互动交流、多点直播、多端面试等多功能一体化引才服务平台。2021 年 4 月 18 日，南宁市 2021 年民营企业招聘月首场空中招聘会在智慧人社联合创新实验室举行。招聘会共有

6家民营企业“直播带岗”提供3 487个招聘岗位，市人社局主要领导通过“直播带岗”向网友介绍就业创业最新方针政策、改革措施等。招聘会受到企业和求职者的热烈欢迎，短短2小时共吸引213.4万人次观看，引爆了招聘热点。南宁市人社部门抢抓求职招聘春季“金三银四”黄金时间，利用“南宁人社”微信公众号百万粉丝的传播力量及各级主流媒体平台，试水探索“直播带岗”“空中招聘会”等多种网络招聘新模式。通过多项创新服务有效缓解全市企业特别是防疫物资生产企业以及涉及国计民生的物流、商超等企业的缺工难题，并促进群众稳定就业。拓宽“直播带岗”渠道，除了

2021年4月18日在南宁人社局二楼智慧人社联合创新实验室举办民营企业招聘月空中招聘会

全市各级人社部门举办的大型“直播带岗”招聘活动，也鼓励微型“直播带岗”往基层延伸。例如，南宁市首个线上线下一体化零工市场于 2022 年 7 月正式启用后，依托市场的快手号、抖音号等短视频平台，聘请专职人员每天都开展短、平、快的“直播带岗”活动，方便求职者每天都能及时获取最新的企业招聘信息。南宁市人社部门在数字就业服务转型升级方面积极开展探索，尤其在“直播带岗”就业服务方面走出了一条壮乡拓宽就业渠道的新路子，取得一定成效。

（三）开发上线“广西南宁零工市场”小程序

为积极落实中共中央、国务院关于多渠道支持灵活就业的决策部署，有效解决“零工想干能找到活，雇主有活能找到人”的临时用工对接需求，南宁市人社部门聚焦线下零工市场求职招聘信息归集慢、岗位信息不对称、供需匹配对接不精准、即时快招效果差、人力资源服务效能低成本高、缺监管缺保障缺数据等问题，于 2023 年 8 月 18 日正式启动上线“广西南宁零工市场”小程序官方平台。这个以服务灵活就业为主的现代化数智零工市场生态服务平台，是针对企业临时用工和灵活就业人员个性化需求打造的公共就业服务平台，以数字技术为驱动，搭建全链条、全要素的现代化零工市场服务体系，汇集海量用工、务工信息，建立健全灵活的用工岗位信息库、人员信息库，基于人工智能技术，自动提取零工画像和雇主需求画像，为用户提供规范的即时用工务工服务，让企业招工、求职者找工实现更为高效便捷的匹配和对接。

“广西南宁零工市场”小程序界面

四、改革成果

（一）形成一体化“云招聘”服务模式

近年来，南宁市人社部门持续推进“智慧人力资源市场”建设，开拓线上就业服务，进一步优化完善“智慧人社”南宁市本级求职招聘平台功能，提高线上办事操作体验，简化办事流程，提升服务水平。充分发挥南宁人力资源市场服务作用，为企业和求职者搭建平台，提供需求采集、精准推送、智能撮合、引导服务、自助服务、数字简历、远程见工服务，实现基础信息一次采集、全区共享，求职简历一次投递、全区通用，招聘信息一次发布、全区流转，全面提高人力资源服务体系的智能化程度、协同化能力。提供以实体服务大厅、网上办事大厅、移动客户端、自助终端等多种形式相结合、相统一的“7 × 24 小时”“不打烊”的人力资源服务，促进劳务交流，为南宁市经济社会发展提供优质人力资源服务，受到企业和群众好评。

（二）就业服务走新走实

2020 年推出招工找工“一体化”平台，当年内“南宁市企业缺工登记平台”共为 712 家（次）企业发布就业岗位 2.9 万个，“南宁个人求职登记平台”共发布求职信息 1 万余条。在平台“速配”供求数据融通的铺垫之下，进一步整合优势资源拓宽就业路，组织开展多期热门“视频面试”“空中招聘会”等“云招聘”活动。2020 年起“直播带岗”等网络招聘模式在全市 15 个县（市、区）、开发区全面铺开，人社系统干部职工掀起“学直播、懂直播、熟直播”的热潮，企业和群众的关注热度不减，成为近年来求职招聘的“利器”，这几年全市共举办大型直播带岗 161 场，推荐就业岗位 33 万个（次），关注度达 1 036.92 万人次，直接促成就业意向 3.92 万人，并持续发挥后续招聘效应，实现就业活动“空中效应”在线下成功“变现”促进就业。2023 年开发上线的“广西南宁零工市场”小程序，自试运行以来已累计为 708 家（次）注册的企业和商户发布岗位 9 131 个（次），累计发布求职简历 4 446 个（次），为灵活就业群体提供优质高效服务。

（三）创新就业服务获社会肯定

多个线上就业服务模式创新举措，得到《人民日报》、新华社、中央广播电视总台、《中国劳动保障报》等新闻媒体宣传报道。《人民日报》于 2021 年 1 月 19 日发表文章《南宁多措并举促就业》，在文中提到 2020 年南宁市稳就业工作成绩，点赞了南宁市在全区率先打造招工找工“一体化”平台，推出“南宁市企业缺工登记平台”和“南宁个人求职登记平台”等“岗位速配”新应用。经地方推荐和专家评议，由中国就业促进会主办的“2022 年度中国就业十件大事及地方创新事件”评选中，“广西南宁市创新打造线上线下一体式标准化零工市场，在零工人员和用工主体间架起沟通桥梁，填补广西零工市场公共就业服务空白”创新举措，被评为 2022 年地方就业创新事件。

就业创业

专项改革案例二

创新推动就业失业登记提速办

一、改革背景

就业实名制工作是就业工作的基础性工作，相关的城镇调查失业率、城镇新增就业人数等数据也是政府宏观调控的重要参考。随着经济发展和就业形势的深刻变化，就业市场出现许多新情况、新变化，对就业实名制工作提出新的工作要求。根据《关于进一步做好城镇新增就业统计工作的通知》（人社厅发［2020］64号）、《关于进一步做好失业登记服务管理工作的通知》（人社厅发［2020］79号）要求，为进一步做好就业实名制工作，南宁市依托南宁“智慧人社”全业务系统优势，对就业失业登记等业务进行系列改革创新，重点推动就业失业登记提速办工作。

长期以来，群众办理就业登记、失业登记、就业困难人员认定需要提供多种材料，办理流程长，审核审批复杂。纸质就业创业证需社区、乡镇（街道）、县（市、区）和开发区三级审核盖章，加盖钢印。同时，纸质证件的信息打印出来后，存在登记内容更新不及时的问题。

（一）办理材料多

从线下办理受理就业创业证、更新就业失业信息、认定就业困难人员，无论是在常住地社区还是在“一门式”办事大厅申报都需要提供烦琐的材料，如户口本、毕业证、居住证等一系列材料。群众多次反映提交材料多、办事难。

（二）办结周期长

无论是在社区申报还是在“一门式”办事大厅申报，群众提交的表格和材料均是人工填报（或录入），社区收集材料后先初审，再逐级送往上级部门审核、审批，最终打证、盖章。审核时需经办部门逐级一一检查复核；尤其是“身份证”“就业单位”“就业、失业时间”等信息，审核时常发现填写错漏，不得不退回当事人再修改。对提供的原件，还需经办人员进行电子扫描和整理归档。此外，就业政策落地率不高，群众办理就业、失业登记热情不大，也导致经办部门反反复复组织开展政策宣传，有的重大政策为了确保落地，甚至还需要经办人员逐户入户进行告知，导致经办机构和基层一线耗费大量的时间和精力。

（三）动态管理难

由于纸质证更新信息需要再次套打，持证人员就业创业证信息存在显示滞后的问题，且旧系统与外单位没有数据共享或共享不及时，导致群众在使用场景中出示的纸质就业创业证可能存在信息滞后的情况。同时，由于就业、失业登记时的就业状态和劳动者实际的就业状态存在时间差，系统没有与社保、市场监管等部门做到实时的数据交换，也会导致纸质证上记载的状态不准确，基层工作人员需多次重复核实信息，导致基层动态管理难、工作压力大。

（四）纸证保管难

纸质就业创业证一直存在着难保存、难管理、遗失之后补办麻烦且需要支付登报挂失费用等问题。为了深入贯彻落实国务院“放管服”改革和“互联网 + 政务服务”的总体要求，根据中共中央办公厅、国务院办公厅印发的《关于深入推进审批服务便民化的指导意见》，南宁市人社局出台了《关于实施南宁人社领域电子证照工作的通知》，深化“互联网 + 政务服务”改革，建设南宁人社领域电子证照库，支持企业和群众方便、快捷、高效使用南宁人社领域电子证照，进一步让企业和群众少填表、少证明、少申报、少跑腿，减轻企业和群众办事负担，不断优化营商环境，为南宁市带来更多“都知道、都能用、都挺好”的便民利民措施。南宁人社领域电子证照是纸质证照的线上形态，与纸质证照具有同等法律效力，可以代替纸质证书使用。即针对同一人社服务事项，持证人可以自由选择使用人社领域纸质证照或电子证照办理，凡是出具纸质证照可以使用办理的，出具电子证照同样也可以办理。

二、改革难点

（一）办事流程和材料多，推动线上受理有难度

原就业登记、失业登记、就业困难人员认定业务实行“告知承诺 + 人工经办”的办理模式，需要材料多，如户口本、居住证、毕业证等 8 项材料。审核审批层级多，材料逐级递交转移慢，办事不顺畅。在推动线上办理的过程中，既面临着将线下流程转到线上办理的技术难题，也面临着要相应精简办事程序，引导和促进群众线上办理的难题。

（二）部门间数据共享不及时，需要获取多部门支持

就业登记、失业登记、就业困难人员认定具有实时性的特征，对数据信息更新状态要求高，纸质就业创业证由于是社区套打，只能打印套打时的劳动者就业状态，广大劳动者的就业状态瞬息万变，所以对人社系统内各部门（如社保、就业、人才市场等）、系统外各部门（如公安、民政、残联、市场监管等）的数据协同、数据共享提出了更高的要求。

三、改革做法

（一）拓宽办理渠道

线上线下多渠道均可办理就业登记、失业登记、就业创业证申请业务。群众可线上登录南宁市人社局网站（网上办事大厅）、南宁人社微信公众号、南宁智慧人社 App 进行办理。同时，群众也可以

就近前往常住地社区或市人社公共服务中心“一门式”办事大厅办理。

（二）简化流程提速办

在原有就业实名制业务便民流程下，对就业登记、失业登记、就业创业证申请进行了更深度的简化和提速办。原有做法中，在线下社区办理时，劳动者持本人有效身份证件，提供个人基本信息和就业、失业等真实状况，并填写承诺书（需按手印及签名），对本人所填写信息的真实性做出承诺，社区直接经办并审核审批，即时办结。劳动者在“一门式”办事大厅申请业务时，持本人有效身份证件，提供个人基本信息和就业、失业等真实状况，并填写承诺书（需按手印及签名），对本人所填写信息的真实性做出承诺。“一门式”办事大厅受理后，推送到各县（市、区）（开发区）就业中心（劳保中心）审核审批，各县（市、区）可根据实际情况继续推送至乡镇街道或社区进行审核审批。在线上个人网厅、公众号、App操作申请时，群众需填写纸质版承诺书（需按手印及签名）后，登录微信、App、个人网厅，填写个人基本信息和就业、失业等信息，上传身份证和承诺书。系统推送到社区审核、街道审批。

为了进一步简化办事流程，最大限度方便办事群众，响应“数据多跑路、群众少跑腿”足不出户办人社业务等改革理念，进一步优化了线上线下就业登记、失业登记、就业创业证申请业务的办事流程，改革后的做法是全面推行告知承诺制，采取“个人身份证明＋

劳动者承诺”的方式自动登记。通过系统获取灵活就业等相关数据信息，与外部门的数据接口读取、比对，对其个人身份信息、就业失业状况、就业困难人员类型等进行系统信息比对核验。群众在线下社区和“一门式”办事大厅申请后（采集身份证号码、手机号码及本人承诺等基础信息），系统通过自动比对进行初步核查后自动登记。

线上就业困难申请

（三）电子就业创业证免申即办

电子就业创业证（以下简称电子证）采用与原版纸质证 1∶1

规格影像化处理，电子证上照片信息取自社保卡照片库，保证照片真实有效。每次在手机上打开电子证均读取系统数据库中最新的就业、援助等信息，保证电子证的及时性和准确性。群众在使用场景时，只需要打开手机公众号端或 App 端电子证，即可展现最新状态信息。对于电子证的安全和防伪方面，在电子证最后一页设计了二维码，经另外的扫码设备扫码后，即可验证电子证的归属者、办理时间和真伪等信息。

同时，电子证的办理也纳入“免申即办”服务。当群众首次成功办理就业登记或失业登记业务后，系统通过比对进行初步核查后自动登记，即可生成电子证，实现“电子证免申即办”（实体证需到社区打印）。

各县（市、区）、开发区就业中心（劳保中心）对自动登记的数据承担核查责任，根据实际委派街道、社区工作人员进行核查、抽查，不再负责审核审批。对补贴发放涉及以上就业失业登记环节的，由经办、发放补贴的业务部门进一步做好数据核验，如与社保数据、市场监管数据核查比对等。

（四）各部门数据协同保障

就业登记、失业登记、就业创业证申请等业务，在这次简化流程提速办改革中，也与外部门进行了更加深层次的联动，除了系统内领取养老保险金、失业保险金、工伤定期待遇的关联外，南宁市人社部门还协调大数据局，调用公安、民政、残联、市场监管等部门数据，在验证劳动者就业、失业状态及特殊身份上，实现免提供材料，让系统“多跑腿”，力求让劳动者享受最便捷的业务办理，让数据更真实可靠。同时，对外部门数据的深层次运用，减轻基层工作人员负担，从前台业务中解放出来。

线上失业登记办理

四、改革成果

据统计，2023年，南宁市通过线上平台即时办结就业登记11.91万人次，失业登记3.31万人次，办理就业创业证10.52万人次。

（一）群众办事负担大幅减轻

就业实名制业务实施“简化流程提速办理”改革后，全面推行告知承诺制，采取“个人身份证明＋劳动者承诺”的方式自动登记。例如，华强社区居民李某是一名大龄就业困难人员，过去为了办理“就业困难人员认定”，她需要携带户口本、结婚证、毕业证、离职证明、居住证明等8项材料去社区就业窗口申请；现在只要拿出手机，通过南宁智慧人社公众号或App刷脸验证，并填写几项个人资料，即可顺利办完失业登记、就业困难人员认定，并拿到电子证。

（二）部门审批效率大幅提高

就业实名制业务实施“简化流程提速办理”改革后，“系统核验”替代“入户调查”，节省了前台窗口等待企业申报的受理时间，也节省了后台部门对人员资质、申请材料、社保参保情况的审核时间。同时，通过手机刷脸，后台数据核验也减少了经办机构扫描档案、人工传递等时间消耗。目前，就业登记、失业登记实现即时办结，电子证实现“免申即办”，就业实名制业务办理效率提高50%以上。

（三）业务经办风险大幅降低

就业实名制业务实施“简化流程提速办理”改革后，群众通过线上、线下提交的申请，系统通过智能筛查核验，免去群众提交额外材料等环节，杜绝了对材料的造假行为，降低了人工审核的主观风险。将个人反馈的承诺书和操作记录生成一对一的电子记录留存，对每一笔就业实名制业务严格做到申办意愿确认、违规责任承诺，强化了申报信息的法律认可、服务追溯和跟踪监管。通过加大制度和系统创新，更大力度地方便广大群众办理就业实名制业务，用系统优化尽量减轻基层负担。同时，还加大了社区经办人员的业务培训，提高基层工作人员的业务办理能力。

社会保险

专项改革案例三

推出手机“刷脸”申领失业保险金服务

一、改革背景

一直以来，失业人员申领失业保险金，需持终止或者解除劳动合同的证明，到公共就业服务机构办理失业登记后，再凭失业登记到社保经办机构申领失业保险待遇，并每月到各城区劳保中心进行求职情况说明，方能领取当月失业保险金。为此，失业人员多次前往人社相关部门办事，不仅增加群众负担，也增大了前台经办压力。

党的十八大以来，以习近平同志为核心的党中央高度重视以信息化推进国家治理体系和治理能力现代化，强调要加快推动电子政务，打通信息壁垒，构建全流程一体化在线服务平台，助力建设人民满意的服务型政府。南宁市人社部门牢固树立和贯彻落实新发展理念，深化“放管服”改革，进一步推进“互联网＋政务服务”，认真贯彻落实市委市政府关于政务服务“一网一门一次”的改革部署，以“最好不见面、最多跑一次”为服务目标，持续推动社保领域“微改革”“微创新”。2018年4月26日，依托“南宁智慧人社”App，创新推出手机“刷脸”申领失业保险金服务，在全国率先实现失业人员“零材料”“零跑腿”“零见面”办理资格审核、待遇申办、待遇领取等事项，受到了办事群众的热烈欢迎。

二、改革难点

（一）需要减少办事材料，实现便捷申领

在传统的失业保险金申领流程中，审核往往是在失业人员提交申请后进行的，要优化办理环节，需要改变原有的模式，建立起高效、准确的审核系统，同时还需要用人单位的配合和提供准确的信息。对失业登记和失业保险金申领要多次办理的情况，多部门信息不互通是主要影响因素，数据的互通共享是提高业务办理便捷性和高效性的关键环节。

（二）需要精准识别数据，保障基金安全

“刷脸”技术在失业保险金申领领域是一项新的尝试，要达到匹配数据、精准识别的要求，对系统数据做出准确处理提出很高的要求。在探索便捷服务的同时，也需要注重防范失业保险经办风险，还需要加强对经办人员的培训和管理，提高他们的风险意识和审核能力。

三、改革做法

（一）前置验审关口，实现确认资格“零材料”

为破解失业人员申领失业保险金存在的填写材料多、提供材料烦琐、“跑腿”多等难题，南宁市依托社保信息系统，将“先交材料

后审核”的传统办理模式升级为系统“自动匹配前置审核”模式，即事先将失业保险金资格审核由原来的“失业人员提交申请”环节前置到“用人单位办理失业保险人员增减”环节，变“个人和单位重复提供材料”为“单位一次提供材料”，由用人单位在办理失业保险人员增减手续时，如实填选“减员（失业）原因”，社保信息系统将该信息实时录入，即作为后续审核发放失业保险金的依据，从而实现失业人员只需提供一卡（证）（身份证或社保卡）即可通过系统“自动匹配”功能审核发放失业保险金。精简经办手续后，南宁市失业人员无需再提供失业人员介绍信、解除劳动关系书面证明等纸质材料。

手机注册登录“南宁智慧人社”App

（二）强化数据共享，实现关联事项“一次办”

根据《失业保险条例》第十四条相关规定，失业人员在申领失业保险金前，需先行办理失业登记。由于办理失业登记和失业保险金申领往往分属就业部门和社保经办部门，造成失业人员领取失业保险金需“两头跑”的局面。为解决失业人员申领失业保险金“两

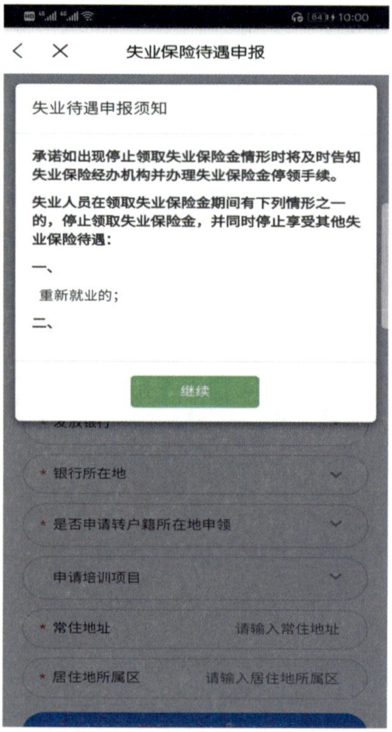

失业人员实人认证后会跳出失业待遇申报须知

头跑”问题，南宁市社保经办部门在受理失业人员失业保险金申领后，即将失业人员相关信息同步推送就业部门，一并办理失业登记。通过就业、社保部门间信息协同共享和“数据跑路”，失业人员办理失业登记和申领失业保险金从“两头跑”变为“一次办”，彻底告别申领失业保险金“两头跑”时代。

（三）刷脸确认身份，实现申办待遇“零跑腿”

长期以来，失业人员为申领失业保险金，需在原单位、所在社区、社保前台、培训机构之间来回奔波往返，跑腿多、排队久、耗时长，增加了办事的时间和费用成本。为破解申领失业保险金“跑腿”和“排长队”难题，南宁市利用“人脸识别”实人认证系统，失业人员只需手机下载“南宁智慧人社”App，注册登录“失业保险金申领”服务模块，进行身份证号填报及“刷脸”实人认证后即可申领失业保险金，后台系统自动将用户身份认证信息与离职原因、失业保险缴费情况等数据比对核查，精准识别其是否符合领取待遇条件，并实时精准计算其失业保险金标准和享受期限。失业人员从手机申报信息到完成待遇审核前后仅需几分钟，实现失业人员“零见面”申领失业保险金。同时，失业人员还可通过手机 App 实现查询业务办理进度、待遇标准和待遇享受情况等多项自助服务。

“刷脸”实人认证

（四）系统智能核验，实现全程管控“安全领”

为确保南宁市失业保险金“畅通领”实现可持续发展，有效防范失业保险经办风险，南宁市通过以下四个方面筑牢风险防控制度体系，有效防范失业保险基金“跑冒滴漏”：一是在失业保险“减员环节”提前告知约束，对于通过线下到社保前台办理的用人单位，要求其在纸质职工参保增减变动情况花名册上如实填报减员原因并加盖公章；对于通过网上申报系统办理的用人单位（用人单位覆盖

App 可随时随地查询待遇标准和待遇享受情况，真正实现办事“零跑腿”

率 80%），必须使用 CA 数字证书登录，实名填报信息；同时社保经办机构通过告知书形式，明确要求单位提供合法、真实、有效的资料，并需对提供虚假资料造成的后果承担法律责任。二是在“经办环节”实行“不见面”审核，失业人员手机“刷脸”完成后，即由后台系统智能审核，有效防范前台“人情”审核、多发错发待遇等经办风险。三是推行“一门式”服务，实行“前台统一受理（线上线下多平台）——后台分别办理（系统自动分配）——前台统一反馈（线上线下多平台）”受审分离模式，更好地防范了经办人员权力寻租。四是在内控管理全面完善升级，专门编制《风险防控规程》，细化资格审批、待遇核定、待遇发放等经办规程，定期对关键环节复核、抽检，实现“社银直联”等，并通过“南宁智慧人社”信息系统，比对核查失业人员在系统内的求职、培训、参保等动态数据，实时掌握其求职、就业状况和求职意愿，科学判断失业人员就业状况，实现基金管理风险的智能监控，使失业保险基金的监管更加安全到位。

四、改革成果

（一）简化办事流程，真正方便群众

在全国率先实现失业人员“零材料”“零跑腿”“零见面”办理资格审核、待遇申办、待遇领取等事项，经办机构实现在线审核、系统支付一体化等便捷操作，将经办模式从传统的“材料收取”变革为“数据核对”，由“手工操作”变革为“智能审批”，失业人员申领待遇实现“零跑腿”一站式全流程服务。简化流程后，南宁市每年减少群众办事材料 6 万多份，大大减轻了群众办事负担。实施手机“刷脸”申领失业保险金的第一个月，南宁市有 103 名失业人员通过手机 App 刷脸成功申领失业保险金，占当期申报人员的 14.5%。改革当年，南宁市有 1 105 名失业人员通过手机 App 刷脸成功申领失业保险金，占当期申报人员的 20.1%。

（二）应用先进技术，防范经办风险

“人脸识别”技术使传统的“人工审核材料”升级为“系统智能核对”，南宁市每年有 1 万多人次的失业人员无须再跑社保经办机构前台，极大地提高了办事效率，并可有效防范前台“人情”审核、多发错发待遇等经办风险。同时，失业人员还可通过手机 App 随时随地查询待遇标准和待遇享受情况等，实现数据“多跑路”、群众

"零跑腿"。

（三）各级层面肯定，形成创新做法

《人民日报》等主流媒体对此进行专题报道。2018 年 6 月 7 日，南宁市作为唯一经验介绍代表在全国失业保险经办工作座谈会作交流发言，创新做法得到人力资源社会保障部失业保险司高度肯定并向全国推广。

社会保险

专项改革案例四

创新推进社保电子档案平台建设

一、改革背景

近年来，随着社保事业的快速发展，社保参保规模不断扩大、经办业务不断扩张；与此同时，参保企业和社会群众对社保经办管理不断提出新的更高的服务要求。面对以上新形势、新要求，南宁市人社部门研究提出“打造电子社保、推进服务便民”工作思路，通过信息化手段逐步推进社保经办服务向标准化管理转变、向便捷化服务发展，成功创建了“业务建档与业务经办同步、业务建档与业务内控一体”的社保档案管理服务平台。这套依靠全市社保干部职工和专业技术团队研发、与社会保险业务系统连接互通、一体管理的电子档案系统，在为参保群众提供方便快捷的社保档案查询服务的同时，有效加强了经办内控管理，强化了经办权限监控，为维护全市社保基金安全发挥了积极作用。

二、改革难点

（一）数据质量管控难

电子档案管理需要确保数据的准确性、完整性和一致性。然而，由于数据录入错误、数据丢失或数据冗余等原因，数据质量可能受到影响。

（二）设备更新要求高

电子档案管理需要确保电子档案的可靠性。电子文件对软硬件设备的依赖相当强，计算机储存设备容量虽大，但面对呈几何级数发展的电子文件也有穷尽之时，且计算机应用软件更新相当快，不少早期形成的文件在新的软硬件环境下无法读取，即使是同时期的电子文件也可能存在软件不兼容问题，这些问题均不利于电子档案的安全、长期乃至永久管理。

（三）相关法规待完善

电子档案管理需要遵守相关的法律法规和行业标准，如数据隐私保护、电子签名认证等。数字档案有其特殊性，由于它的内容容易被修改，并且内容和载体易分离，真实性存在“信任危机”。因此，数字档案凸显窘态，在法律面前很难成为合法有力的证据。

三、改革做法

（一）应用“一体化”的软件系统，建档更及时更高效

南宁市人社部门积极吸取国内部分城市在“社保电子档案”建设中出现的业务经办与业务建档分头操作、分头管理的工作经验和教训，在社保电子档案系统研发之初就将“社保电子档案”的业务建档流程与业务经办流程一并考虑、一体设计，创新研发出档案系

"智慧人社"业务经办系统受理业务进度查询页面

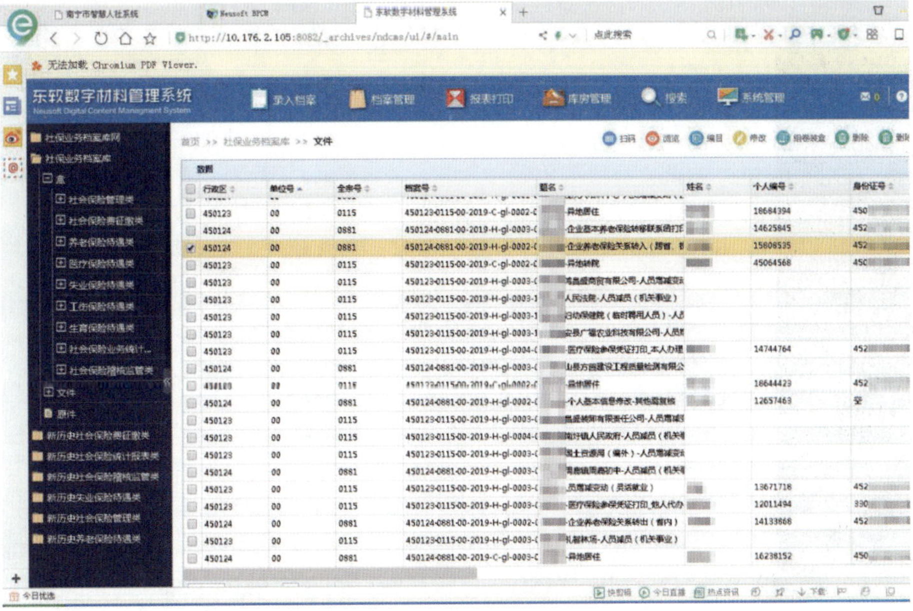

档案管理系统信息查询页面

统与业务系统连接互通、档案与业务“一体化”管理的“社保电子档案”软件系统。依托“一体化”系统平台，南宁市社会保险事业局各城区管理部、各科室前台窗口在办理业务时，可以直接将业务申报资料、填报表格等应归档材料进行即时扫描、即时传输、即时整理建档，将原来“手工收集—手工整理—手工建档”的纯手工模式变成了“收集、扫描、建档”的“一体化电子模式”，实现了业务建档与业务经办同步，大大加快了建档进度，减少了建档工作量，提升了管理水平和工作效率。

（二）建立“影像化”的电子档案，查档更方便、更快捷

一方面，组织人力，通过高清扫描仪将历年的社保业务档案分

档案查询界面

类扫描，全面导入电子档案系统；另一方面，从2018年起，要求前台在办理业务的同时即时扫描新的业务经办档案资料，进行社保业务档案影像采集，从而归档形成了南宁市编有唯一条形码的“电子影像档案”和相对应的实体档案。目前，如参保群众提出相关查阅档案需求，专职档案员只需在电子档案系统输入关键词检索，即可快速查阅到相应的“电子影像档案”，并通过档案条形码快速调出实体档案。以前需几小时手工查找的档案资料，现在只需几分钟甚至几十秒钟即可处理，大大减少了查档时间，提高了工作效率，方便了办事群众。特别是部分查档业务并不需调阅实体档案，只需查阅或打印“电子影像档案”即可达到服务所需，这更避免了实体档案因反复翻阅而造成的损毁，确保了业务档案的完整和安全。

（三）形成“电子化”的内控平台，管控更细致更到位

依托档案系统与业务系统的连接互通，以及前台业务办理中对业务材料的即时扫描与即时传输，“社保电子档案”系统全程参与社保业务经办，建立起社保经办内控管理新机制。一是建立“电子预警”机制。通过“一体化”系统的自动检测，提示前台经办业务的应收材料是否齐备、数据录入是否准确无误、预设参数是否突破，从而确保了社保业务经办的“入口关”。二是建立“实时复核”机制。通过“一体化”系统对各经办业务，特别是参保资格审查、缴费基数核定、社保待遇核算等专业性强、风险高的经办环节，加设无纸化复审功能，每天由专门人员及时进行业务复核，确保了经办

业务的高效快捷零风险。三是建立“远程抽查”机制。通过“一体化”系统随机调取前台的经办资料、办理结果等进行业务核查，及时发现并改进前台经办业务中存在的问题，确保了经办业务的规范标准零差错。以上“电子化”监管手段，仿佛为社保业务经办新装设了一双双“电子眼”，较好地应对了当前各城区管理部因专业人才少、人员流动大等对业务工作造成的影响，解决了各城区管理部因与市局本部距离远、难以及时送报材料开展业务复核的难题，也有效防范了经办人员办理“人情保”“关系保”，滥用职权、失职渎职等违纪违规甚至违法行为的发生，有效维护了社保基金安全。

四、改革成果

加强社会保险内部控制管理工作，是确保社会保险基金安全的本质要求。作为推进南宁市电子社保建设的重要内容，“电子档案”系统为传统的纸质档案进行了很好的电子备份，为经办管理增加了新的监管措施，内控手段也由传统的制度管控、人员防控进一步扩充为“制度、人员、系统”三位一体的内控体系，每年向参保人员提供查档服务 2 000 人次以上，内部查档 8 000 多次，疑点数据核查调阅档案数万份，有力地促进了南宁市社会保险各项工作的可持续发展。

人事管理

专项改革案例五

打造全国首个“智慧人事”一体化服务平台

一、改革背景

近年来，南宁市深入贯彻落实中共中央、国务院关于建设数字中国、网络强国等系列决策部署，努力提升公共服务、社会治理等数字化智能化水平，探索打造组织、机构编制、人事、财政四部门统一的“智慧人事”一体化服务平台，着力解决人事管理业务长期以来分散办、分头办的问题，推动实现机关事业单位人、编、财全周期融通管理。

二、改革难点

（一）人事管理业务复杂

人事管理业务具有涉及政策多、年代跨度大、办理程序严、审核材料多等特点，并且部分业务长期线下手工办理，数据不清、标准不一，给业务经办管理带来难度。

（二）业务数据各自分散

机构编制、人员岗位职务、工资统发等信息分散，四部门各管一块、政出多门，数据口径不一、相互掣肘，造成数据资源极大浪费。

（三）缺乏线上经办标准

人事管理业务烦琐复杂，容易出现业务事项专人专办、关键数据专人专用等问题，带来“管理真空”“权力寻租”风险；此外，线下办、手工办导致流程不透明、过程不公开，带来干部职工“庸懒散浮拖”等隐患。

2022 年 10 月 14 日，南宁市“智慧人事”一体化服务平台县区上线工作部署会现场

三、改革做法

（一）打破信息孤岛再造人事业务流程，实现四部门业务系统深度融合，数据资源集成共享、业务办理“多门变一窗”

数据管理上，搭建大数据共享分析区，对新生成数据实行统一标准、归集储存，实现数据同源、底层互通；搭建前置交换数据区，对历史数据信息进行常态清洗、差异消除，理顺数据逻辑、提高数据效用。业务流程上，厘清业务规则，全面再造流程。在前期开展事业单位招聘工作人员“八步变一步”、事业单位招聘工作人员“打包一件事”的工作基础上，对四部门业务进行经办流程再造，将原本分散的业务进行归口管理，实行统一申报入口、统一界面受理、统一填表规范、统一归档管理，实现关联事项打包受理、同类证明共享使用。办理模式上，实行市县一体、全市通办，对人事管理业务相关的编制、职数、岗位、绩效、工资实行全方位管理，对机关事业单位工作人员的进、升、转、出实行全流程管控；以部门联动、协同高效为重点，设置四部门关联审核规则，实现“办理流程自动流转—办理规则自动校验—办理资格自动审核”，推动业务联动、协同办理，实现服务上自动协同、管理上智能制约。例如，机关事业单位登录平台办理申报编制、职数、岗位、绩效、工资等业务，主管部门在平台对上述业务进行审核，按权限办结公务员（参公人员）科级职务任职备案、控制数聘用等业务，四部门在平台直接经办需要审批或备案的业务。目前，平台业务已覆盖全市各级机关事业单位。

（二）挖掘人事数据价值优化资源配置，在前瞻性决策、周期性配置、适应性管理方面发挥积极作用，为党委政府提供决策参考

一是集成数据资源，合理优化配置。事业单位岗位设置受机构规格、编制数量、隶属关系和岗位结构比例等因素影响，存在不同类型、不同层级的事业单位岗位数量不同的客观情况，单位层级越低、高等级岗位越少，不利于引导人才往基层事业单位流动。“智慧人事”平台通过数据集约共享，精准筛选闲置、沉睡的高等级事业单位岗位，让各县区、各主管部门对负责管理的岗位存量、岗位配置等“心里有底”，便于进行高低岗位跨部门、跨层级科学调控。特别是在各级教育、卫生主管部门科学调配使用事业单位专业技术岗位，在推进中小学教师“县管校聘”、基层医疗卫生机构“县聘乡用”改革中，发挥了重要作用。二是深挖数据资源，辅助管理决策。依托“智慧人事”平台对编制、职数、岗位等人事管理关键数据的精准掌握和动态跟踪，实现动态统计、及时预警、精准调控，为人事管理相关决策提供可靠依据。例如，根据编制使用情况，调剂设立人才专项事业编制，建立高层次和急需紧缺人才引进专项编制“周转池”，专门用于事业单位引进符合条件的专业技术人才，不受单位编制总量影响，实现人事决策和人才服务的精准化、科学化。三是细化数据资源，规范财务管理。充分发挥“智慧人事”平台数据“大而全”“专而精”的特点，严格预算管理。根据单位全年人员工资数据自动生成的单位年度预算，实现基本工资和其他津贴补贴

项目精细分类，从而实现精细化预算、科学化管理。同时，依托平台开展事业单位编制内人员绩效工资市级发放数据备案，并对次年退休、空编等情况进行预判，精准做好单位年度工资预算，科学编制预算，实现精准管理。

（三）深化人事管理联动破解权力寻租，业务全部上线运行，实行全流程监管，实现信息系统“管人”“管事”“管钱”

一是抓好信息系统“管人”，减少人为干扰因素。通过全业务“受审分离”、全业务“随机分配”、全流程“阳光监控”、全人员“证书登录”等手段，压缩“人为空间”。二是抓好信息系统“管事”，严格全流程管理。落实“事前筛查”，自动校验人员是否入编，转入相应业务流程；开启“事中预警”，如利用“超时”提示提升业务办理效率，又如单位申报岗位工资变动业务时，若相关人员聘用手续未完成，将弹出“未聘岗”提示，岗位工资变动业务无法办理；完善“事后监管”，如通过业务办理联动严格工资发放管理，人员调入、调出手续办理后，自动推送或提示办理工资发放、停发业务。三是抓好信息系统“管钱”，防范资金安全风险。实行工资审核全程网办，杜绝手工经办，全面取消现金业务，填报、审核、统发等依靠系统审批，避免二次修改，避免个人主观因素影响，确保资金安全。

四、改革成果

着力解决了人事管理业务长期以来分散办、分头办的问题，推动实现机关事业单位人、编、财全周期融通管理。

（一）提速快办，多门变一窗

将组织、机构编制、人社、财政四部门业务系统深度融合，实现数据资源集成共享、业务办理“多门变一窗”。平台上线后，四部门185项业务功能项合并为82个业务模块，事项更简约、逻辑更清晰、办理更方便，有效破解办事人员同一事项多头跑、分头办难题。以事业单位新聘人员为例，每一笔业务将减少填报表格15份、减少重复证明材料31份、减少重复填报信息项238项、办结时限缩短30个工作日；市内体制内人员同一主管部门内同顺向交流业务实现

南宁市“智慧人事”一体化服务平台操作界面（事业单位端）

主管部门在线一次审定“零跑腿”。

（二）打破壁垒，数据大融通

平台将四部门数据一口归集、全盘统计、精准分析、综合预判，并供四部门统一查询、统一应用，在前瞻性决策、周期性配置、适应性管理方面发挥积极作用，为党委政府提供决策参考。平台上线以来，四部门共享使用数据 56.7 万条，部门间差异数据由 8.5 万条减少到 528 条，部门间管理真空带、信息冲突区不断缩小，数据“灵魂”作用更加凸显。

（三）防范风险，全流程监管

“智慧人事”平台运行后，四部门人事管理业务全部上线运行，实行全流程监管。平台上线以来，截至 2023 年底，四部门共享使用数据 56.7 万条，办理各类业务 4.2 万笔，覆盖全市各级机关事业单位，并对编制、职数、岗位等数据精准掌握和动态跟踪，实现动态统计、及时预警、精准调控。

人才服务

专项改革案例六

创新打造“智慧人才”一体化服务平台

一、改革背景

为深入贯彻习近平总书记关于人才工作的重要论述和在广西考察时的重要讲话精神，南宁市委市政府始终坚持人才强市战略，不断深化人才工作体制机制改革，高度重视高校毕业生等人才来邕留邕就业创业工作，持续推进建设中国—东盟人才城，通过产业引才、政策措施纳才、服务创新留才等“真招”“实招”，着力打造面向东盟门户城市的“蓄水池”，使南宁人才发展生态不断优化。据第七次全国人口普查数据显示，截至2020年11月，南宁市人才资源总量达301.97万人，较2010年净增加127万人，增幅近73%。快速增长的人才数量，以及加快推动南宁市高质量发展的迫切需求，对南宁人才工作尤其是人才服务水平、人才信息化水平提出了新的更高要求。因此，通过整合全市人才工作职能、资源，集合人才服务事项，全力打造互联互通、高效便捷的南宁市一体化人才服务平台势在必行。

二、改革难点

经过调研发现，要在“人才政策”红利释放和“人才服务”便捷化上破局发力，需要解决长期困扰人才工作的三大共性难题。

（一）必须全面打破部门壁垒，着力破解人才管理“碎片化”这个堵点

人才服务平台的开发建设涉及部门多、协调难度大，不仅要开展跨部门、跨领域、跨层级的联合作战，更要从理念、机制到服务方式上都进行深层次的改革，推动市直各部门、各县（市、区）和开发区人才服务信息化“一盘棋”建设。

（二）必须全面打破数据壁垒，着力破解人才服务“单一化”这个痛点

人才服务“一体化”需要面对各部门之间的数据壁垒、信息孤岛、系统隔阂，整合服务事项不仅要推动数据共享，更要统一办事标准和服务平台，推动全市人才政策宣传、待遇测评、打包办事等服务“一网通办”。

（三）必须全面打破监管壁垒，着力破解人才监管“割裂化”这个难点

人才工作部门多、政策多、项目多，让监管难以统一、及时和高效，难点在于如何对全市人才数据、人才项目、人才平台、人才资金等实施“一张网”监管，及时化解和防范风险，为项目评审、资金拨付、效益评估、政策完善提供科学依据。

三、改革做法

工作堵点、痛点、难点就是改革创新的着力点。南宁市将建设“智慧人才”一体化服务平台作为2021年深化改革重大任务，纳入党建和人才工作考核。市委组织部、市人社局牵头成立平台建设工作专班，迎难而上、想方设法、攻坚克难，项目于2021年初启动，半年内就密集召开业务研讨、需求调研、系统测试等各类碰头协商会议多达109次，并于2021年7月16日印发《南宁市“智慧人才”一体化服务平台建设实施方案》，迅速进入开发实施阶段，解决了许多长期想解决而没有解决的难题，办成了许多过去想办而没有办成的事项，于2021年7月28日完成“智慧人才”服务平台的主体功能模块建设并正式上线，涉及全市39个单位的74项人才服务事项（目前，由于政策调整，平台涉及全市44个单位的68个人才服务事项。按申报主体划分，个人事项43个，单位事项25个；按事项

南宁市“智慧人才”一体化服务平台正式上线

责任部门划分，市本级事项 49 个，县区事项 19 个），实现人才办事“一次不用跑”、手机（电脑）一点全办好，人才服务全面提速增效。

（一）破垒搭台集成服务，实现人才事项“一网”融合通办

针对长期以来人才政策分散、人才办事不便的问题，南宁市坚持以人才为本，运用信息化手段大胆推进人才政务服务改革，将涉及组织、人社、教育、住建等部门的人才事项进行整合，办事流程全面梳理、流程再造，统一开发建成集政策速配、待遇兑现、生活保障等多功能为一体的“智慧人才”服务平台。平台应用大数据、区块链等先进技术，实现跨部门数据共享、业务协同，彻底打破了线下部门壁垒。

南宁市“智慧人才”一体化服务平台责任单位登录界面

（二）量身送策一键“直达”，实现人才待遇“一网”速配即办

平台配套开发建设了“南宁有才测评站”，将 60 个事项、81 项

政策文件，组合设计出419种测评规则、63个优惠待遇，成功实现了人才精准“画像”和政策速配。人才只需勾选符合自身的条件选项，一键便能精准测出所处的层次类别及匹配的政策待遇。测评结果可直通事项“办理”，即测即办，让企业和群众对人才政策更好“找得到”、更能“看得懂”、更快“办得了”，实现人才“办事不求人”。

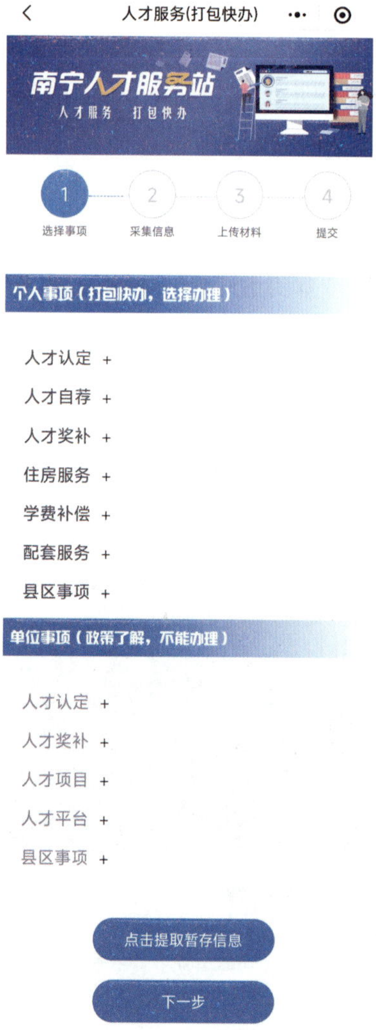

人才服务（打包快办）界面

（三）“并联”办理减负提速，实现人才服务“一网”打包快办

以往人才线下办事只能“串联”办，办多少件事就跑多少次腿、提交多少套材料，费时费力。南宁市充分发挥“智慧人才”平台数据“聚、通、用”强大优势，对上线的人才服务事项实行“并联”式“打包快办”，实现“一次申报、一套材料、后台协同、同步办结”。例如，新引进人才可按需一次性勾选办理落户、人才认定、子女入学申请、奖补申领等多个事项，平台受理后自动整合填报信息和申报材料，智能合并同类项。经测算，目前已上线的43项个人服务事项，合计减

少重复填报信息 284 项、减少填报表格 29 张、减少重复提供证明材料 26 份。

（四）阳光审批全程留痕，实现效率效能“一网”智能监办

为增强人才服务的标准化和透明度，平台统一规范办事指南，将所有事项的办理流程、时限向社会公开，并对全市人才服务事项、项目资金等进行统一管理，为有效监管提供强大支撑。事项办理实行“受审分离”工作机制：南宁市高层次人才“一站式”服务中心作为受理部门，负责线上受理并推送、提醒、监督相关职能部门按时办结；职能部门线上办理进程全程公开，人才可实时查询，平台也会将重要进展以短信形式自动通报人才，实现部门全业务全流程“智能监控、智能预警”，有效提高了人才服务效率和质量水平。

（五）搭建人才沟通桥梁，实现问题建议“一网”反馈协调

为及时了解人才需求、收集意见建议，平台专门设立了“人才信箱”功能，人才拿起手机点一点，输入意见或建议，平台立即推送至对应的责任部门进行答复。“人才信箱”旨在以问题为导向，着力迅速为人才破解“疑难杂症”，打通服务“最后一公里”，不断提升人才的满意度、幸福感。

（六）建立人才数据库，实现人才数据“一网”实时掌握

在“智慧人才”一体化服务平台事项办理基础上，依托统计模块和现有人才数据，建立人才统计数据库，对人才分类分时统计，丰富数据库种类及内容，对相关信息实时动态管理，及时收集、整

理、归类，定期更新维护。数据库的建立破除了以往仅能通过行文获取数据的形式，人才数据统计方式从过去“一张纸”变成“一张网”。职能管理部门根据权限可通过平台“一网”实时查询最新人才数据，动态掌握事项开展情况。数据库的建立改变了传统的统计方式，只要人才使用系统信息便自动入库，以身份证号码和单位统一信用代码为轴，分层次、分类别、分行业动态更新，多角度对人才信息进行统计、分析，清晰掌握全市人才数量、地域分布、行业分布、人才需求，及时了解全市人才事项开展情况，实时动态掌握全市人才、项目数据，多维度实时动态服务领导决策，及时为政策落地效果、为人才工作提供强有力的数据支持。

（七）县区事项纳入平台，实现全市事项“一网”融合通办

平台制订“本级先行、县区分步”的开发计划，在前期完成市本级事项的开发后，立即组织县区以市本级经验为基础，研究县区的人才事项如何实现纳入平台开发，目前平台已上线 19 个县区事项，实现全市（含县区）人才事项服务集成，将县区人才政策、人才待遇、人才服务等功能需求深度融合，大大减轻了县区工作压力，改善了县区人才工作质量，为当地人才提供更便捷高效的服务，为基层招才、引才、聚才、留才发挥重要作用。

四、改革成果

南宁市“智慧人才”一体化服务平台是南宁市深入贯彻习近平总书记关于人才工作重要论述，在“人才政策”红利释放和“人才

服务”便捷化上破局发力，创新建立的全国首个多部门、多渠道、多功能集成的一体化服务平台。平台围绕人才服务智能化、场景应用多元化、分析决策系统化、督办监控一体化的工作目标，统一规范办事指南，统一经办平台，做到流程更加透明、审核更加智能、服务更加精准和高效，全力打造办事程序最简化、办事方式最快捷、办事成效最显著的引才留才和爱才惜才的发展氛围。

（一）变“多头受理”为“一次办好”，人才服务平台实现融合

一是推动部门融合。通过召开上百场的研讨会、协调会，对全市人才服务事项和办事流程进行全面梳理、重新规划，统一开展信息化建设，改变以往各部门分散服务的格局，使用统一平台经办，实现服务标准统一、经办流程统一、结果反馈统一，根据人才政策的调整，人才只需登录计算机或手机“小程序”，就可按需办理涉及多部门的任意事项，真正实现流程自转、人才“一次不用跑”。二是推动数据融合。将人口登记、社保登记、人力资源市场求职招聘登记以及机关事业单位实名登记等政务数据深度融合，实现信息互联互通、实时共享。三是推动技术融合。平台通过将大数据、云计算、区块链等先进技术融合应用，推动人才数据智能分析、人才补贴智能核算、人才资金上链监管。“智慧人才”一体化服务平台彻底打破了以往人才服务的分散格局，实现了人才管理一个入口、人才政策一个出口、人才服务一套标准、人才补贴一网享尽，为人才在南宁创新创业提供更优质、更便捷、更高效的服务。

（二）变“人才来回跑”为“部门协同办”，人才服务事项全部集成

一是实现管理集成。平台无论是对外服务还是对内经办，无论是线上还是线下，无论是本级还是县（市、区），94 个人才政策一并归集、68 项人才服务一并提供，群众看得清清楚楚、经办人员弄得明明白白。二是实现服务集成。做到人才政策、人才资讯、人才待遇、人才服务、人才招聘“一体服务”。人才只需登录一个“小程序”，就可以享受“打包办”“套餐式”服务，真正实现“少找门、少跑腿、少排队”“少填表、少证明、少申报”。平台自 2021 年 7 月 28 日上线，截至 2023 年底，累计访问 201.1 万人次，人才测评 6.51 万人次，受理申报人才事项达 4.95 万人次；2022 年，青年人才生活补助、高层次人才首次购房补贴、拔尖优青申报、社工人才奖励等人才事项的受理数量，分别是往年同期的 11 倍、32 倍、30 倍和 67 倍，切实提升企业和人才办事效率。

服务集成——南宁人才服务站

（三）变“人找政策”为“政策找人”，人才服务工作更加智能

一是开展智能测评。将 60 个事项、81 项政策文件的兑现条件组合，人才只要回答几个问题，系统就能智能测算和匹配出相应的人才头衔、人才标签、人才待遇，实现人才与政策一键适配。二是开展智能服务。平台通过对人才身份的智能识别，就能对申报信息智能提取、对申报材料智能整合、对经办业务智能审核，服务更加精准、更加高效，为加快释放人才政策红利插上了“信息化的翅膀”。三是开展智能监管。人才办事实现线上线下“随机分配、随意查询、随时跟踪”，服务更加阳光、更加放心；人才管理实现全业务“智能监控”、全流程“智能预警”，更好地防范了办事人员“庸懒散拖”和资金“跑冒滴漏”，提高了监管和决策水平。

五、改革效应

（一）提升人才服务质效，做到筑巢引凤留凤

南宁市“智慧人才”一体化服务平台作为全国首个多部门、多渠道、多功能集成的一体化服务平台，简化了办事程序，提高了办事效率，企业或人才登录一个“小程序”就解决“找政策”“领待遇”等多个事情。平台为人才提供从产业链、管理链、服务链和生活链的对接，为加快释放人才政策红利插上了“信息化的翅膀”，解决人才服务体验过程中存在的难点堵点问题，优化人才就业创业的软环境，得到社会的广泛好评。

（二）做优人才发展生态，以“温度”留人，让人才有归属感

平台立足人才视角，着力解决束缚人才发展的共性问题，切实在引才育才后在政策兑现、政策主动推送等方面，为人才提供全方位一站式高效便捷服务，减少距离感，感受到南宁的“温度”，让人才更有信心好好工作。2023 年全市共认定高层次人才 1 521 人，其中 A 类 2 人，B 类 27 人，C 类 102 人，D 类 374 人，E 类 1 016 人。自 2018 年高层次人才政策实施以来，全市累计认定高层次人才 5 838 人次，其中 A 类 16 人，B 类 92 人，C 类 370 人，D 类 1 438 人，E 类 3 922 人。覆盖领域既有南宁市重点产业、战略性新兴产业和现代高端服务业，也兼顾医疗卫生、教育、文化等重要行业；既有行业领军人才，也有重点产业紧缺高技能人才，引才留才成果显著。

（三）“南宁经验”获社会关注，形成影响力和传播力

南宁市建设“智慧人才”一体化服务平台，深化人才发展体制机制改革的经验做法获评第四届全国人才工作优秀创新案例，打造“智慧人才”平台的做法获中央组织部、自治区党委等内刊单篇刊发和推介，并得到《人民日报》、新华社、《光明日报》、央广网、中新网、《广西日报》等中央、自治区多家主流媒体的关注和报道。2023 年 2 月，根据工业和信息化部发布的消息，南宁市“智慧人才”一体化服务平台优化中小企业发展环境主要经验做法，入选中国中小企业发展促进中心发布的《2022 年度中小企业发展环境评估报告》。

人才服务

专项改革案例七

创新推出“南宁有才测评站”

一、改革背景

2018年以来，南宁市委市政府始终坚持人才强市战略，不断深化人才体制机制改革，先后出台“1+6”人才政策、“强首府新政18条”等重大人才政策，吸引国内外人才踊跃来邕就业创业。但南宁市人才政策普遍存在人才政策碎片化、人才服务部门化问题，获取人才政策信息的渠道分散在多个部门、多个信息平台，导致人才了解政策不全面、是否符合不清楚、如何办理不知道。为了增强人才及企业对南宁市政策的全面了解，引导更多符合条件的人才和企业及时享受政策红利，亟须开发一个测评平台，让人才和企业只要填写了基本信息和实际情况，即可知道自身可享的政策待遇。通过线上“一键测评”，实现“政策速配”，进一步提高人才的政策获得感、城市归属感，着力提升人才服务质效。

二、改革难点

通过调研发现，人才政策测评的开发和建设，在部门协作、政策归类、框架制定等方面存在多项难点。

（一）涉及多部门多领域，统筹协调难

系统的建设不仅要开展跨部门、跨领域、跨层级的联合作战，更要从理念、机制到服务方式都进行深层次的改革。需要牵头部门协调各职能部门统一部署、统一思想、统一步调，包括统筹协调工信、教育、科技、住建等各部门抽调人员梳理人才政策，参与人才测评的开发和模块创建、系统测试等各个环节，协调沟通的部门、人员、环节多，工作量大、任务繁杂，工作推进难度大。

（二）人才政策太分散，整合难度大

南宁市人才政策包括市直各部门、各县（市、区），包含个人类和项目类人才，政策繁多，共计 70 多项。调研初期，收集政策原文，梳理政策类别，提取申报条件和政策待遇，再整合同类申报条件、兑现待遇等，政策整合任务繁重，且对工作人员的政策理解及执行能力要求较高，系统开发需求颗粒度细化难度大。

（三）框架设计最关键，模型制定难

在研发建模初期，测评框架设计最关键，需要建立针对个人、团队（单位）的测评模型，测评顶层逻辑设计需要统筹关联全市人才政策的共性特征，同时需要兼顾各区域政策个性化需求，对共性、个性融合标准要求较高。

（四）测评结果要出彩，工作任务重

人才测评的目的，着重考虑对南宁市人才政策及南宁市城市形象的宣传，同时兼具测评结果利用最大化，建立集聚宣传效果、地

方特性、办事体验等一体化测评软件。因此，测评结果要求内容新颖，有创新、有亮点，还要体现地方特色。在没有经验参考的前提下，工作要求高、任务重，给开发带来一定的难度。

三、改革做法

（一）成立专班，集中力量加快开发进度

由市委组织部、市人社局作为牵头单位，组织各市直部门落实专人成立人才测评开发工作专班，做好政策研究、需求拟写、系统测试等工作，具体由南宁市高层次人才“一站式”服务中心组织实施。在需求调研中，工作专班多次组织业务骨干、技术团队等各组人员，密集召开需求讨论会、测试会等，集中力量组织做好政策收集归类、需求拟写确认、系统测试等各环节工作，确保系统开发工作按时按质推进。

（二）细化需求，构建测评框架一体化

经收集整理，南宁市分散在各部门的主要人才政策有72项。根据人才政策关注度及办理频次，确定了南宁市高层次人才认定、青年人才生活补助、“双一流”学费补偿、“邕江计划”等28项热门政策作为主要测评内容，测评类型按照测评主体分为个人、团队（单位）两种类型，测评方式按照选填式问答开展。通过细化分解政策条件，设计问答内容，按照选填条件不同，以排列组合的方式对应不同的政策待遇，实现人员信息和政策待遇精准匹配。如个人

测评问题框架，以高层次人才认定为主体问题设置框架，通过细化分解政策条件及待遇，设置以人才个人基本情况（年龄、学历、职称）、就职单位性质、个人荣誉等测评问题，其他个人政策项目根据设置的问题细化选填选项。企业（单位）测评问题框架，以“邕江计划”为主体问题设置框架，其他项目类政策按照设置问题，细化分解选填选项颗粒度。同时，测评系统需关联到人才服务“打包快办”系统、求职系统，打破系统孤岛，形成人才系统一体化联通。

南宁有才测评站

（三）突出新颖，测评结果利用最大化

为了提高测评结果利用最大化，测评结果设置以趣味、朝气风格为主，以人才头衔、人才标签、人才待遇为主要板块，人才头衔分为 A~E 类层次，每个人才标签设置 4 个以上描述性成语，同时按政策待遇相应匹配。测评结果主页彰显南宁本地特色，内容新颖、趣味十足，测评结果可分享至微信朋友圈，从而宣传南宁市人才政策及南宁市城市形象，吸引更多人才来邕就业创业。

四、改革成果

（一）人才待遇“一键测评”

南宁市创新推出的“南宁有才测评站”，将涉及高层次人才认定、青年人才补助、“双一流”学费补偿、“邕江计划”等16个部门（市直部门12个、县区4个），28项热门政策和52项重点待遇的兑现条件进行组合，设计出44种评测规则、32个测评结果（其中人才个人测评结果20项、人才团队测评结果12项）。人才个人或单位只需简单勾选符合自身实际的测题选项，系统就会根据填报的条件，智能测算和自动匹配相应的人才头衔、人才标签、人才待遇，实现人才与政策一键适配，结果清晰明朗、一目了然。

人才待遇“一键测评”

（二）测评结果“一键分享”

测评结果根据选填的条件不同，对应不同的结果，测评结果页面不仅包含如“南宁市A类高层次人才”“南宁市青年人才”“学霸”等人才头衔，贴上“天之骄子、国之栋梁”等人才标签，还显示“最高200万元”购房补贴，学费补偿本科最高8 000元/学年、研究生最高12 000元/学年等福利待遇，集实用性、趣味性和地方特色于一体。测评结果页面还可通过“分享”按钮，分享至微信朋友圈，引导更多的人参与测评，进一步强化了南宁人才政策的宣传效果。

青年人才代表体验“南宁有才测评站”，便捷化办理人才服务

（三）事项办理“一键直达”

平台根据测评结果，还可直接跳转到求职、申报等相关服务办理，为人才来邕、留邕提供无缝衔接。点击测评结果下方的“求职”按钮，人才个人只需填写求职简历，平台就会自动匹配推送符合其意向的岗位信息、招聘会等，实现“一键求职”，人岗信息精准匹配。点击测评结果下方的“申报”按钮，可勾选自己需要办理的事项，将人才服务事项一次“打包快办”，一套材料、一站受理、一次办结，实现了事项办理“零跑腿”、更快捷。

五、改革效应

怎样才能知道自己在南宁算哪一类人才？能不能享受南宁市的人才引进优惠政策？现在，这些原来需要跑好几个部门才能弄懂的问题，只需要在手机上“一键测评”就可以办妥了。“南宁有才测评站”将厚厚的政策文件具体量化到每个测试选项中，可以让人才更直观地了解到所匹配的人才待遇，感受到南宁人才服务的“温度”。2021 年 7 月上线以来，“南宁有才测评站”已吸引 6.38 万人主动体验，获《中国劳动保障报》《广西日报》等各级媒体关注报道，得到各类人才的积极参与和热烈点赞，并得到各级领导干部肯定。

劳动关系

专项改革案例八

打造“智慧人社”劳动维权一体化服务管理信息平台

一、改革背景

近年来，南宁市劳动纠纷案件数量呈现持续高位运行的趋势，2021年和2022年劳动监察案件及劳动争议仲裁案件同比增幅较大，案件数量占全区案件数量近三分之一。为破解劳动纠纷越来越多样化，案多人少矛盾日益显现，事前事中监管力度不足，维权服务、应急力量调度不够科学，并可能带来办案不规范、办案推诿、延期办案等履职风险的劳动维权领域治理难题，南宁市人社部门积极改革创新，树立劳动“大维权”理念，依托“智慧人社”全业务系统优势，扎实打造“线上一网通、线下一门办”服务体系。线下实现劳动维权事项“一门式”查询办理，线上铺开劳动维权事项“一网通”办理处置。进一步完善劳动保障维权信息数据监控，强化风险防范监控预警，推行全量数据分析和数据共享，聚力多元共治，多元化解劳资纠纷，消除劳动维权“中梗阻”，打通劳动维权“快车道”，打造劳动维权“新格局”。

二、改革难点

（一）劳动纠纷越来越多样化

南宁市劳资纠纷主要特点有以下三个方面：一是案件主要集中在建筑业、住宿餐饮、居民服务、批发零售业等劳动密集型用人单位。二是民营企业成劳资纠纷多发地，约98%的案件发生在民营企业。三是劳动报酬类案件频发，集体案件压力显现。劳动报酬类、解除和终止劳动合同类案件频发，分别占2023年以来立案受理总量的83.36%、22.48%；10人以上集体案件占立案受理总量的7.67%，且仍在增长。

（二）案多人少矛盾日益显现

近几年，随着群众法律意识增强，劳资纠纷案件数量增速明显，南宁市劳动监察机构人均办理线索案件140~160件，劳动仲裁机构人均办理案件240~260件。再加上包括全国根治欠薪线索平台、全国人事争议在线调解平台、12345政务服务平台、“互联网+督查”、人民网等超过10个劳资纠纷反映平台渠道转办的欠薪线索，由于线索的信息简单，以及匿名投诉、重复投诉等原因，造成基层工作人员核实困难，处置量大，工作强度压力大，容易造成积案。

（三）事前事中监管力度不足

南宁市农民工欠薪领域监管制度落实、源头治理仍有不足，工程建设领域落实分账制、总包代发制、实名考勤等保障农民工工资支付制度仍然存在一定疏漏，执法力度需要进一步加强。在“智慧人社”劳动维权一体化服务管理信息平台上线前，未能充分将现代信息技术应用到劳动保障监察执法实践和劳动仲裁案件线上办理，未能实现劳动保障监察执法程序及劳动人事争议仲裁审理程序网上流转、网上监督。

（四）维权服务、应急力量调度不够科学

2009 年南宁市开始推行劳动监察网格化管理，在“智慧人社”劳动维权一体化服务管理信息平台上线前网格划分仍然按 2012 年城区范围划分，随着南宁市经济社会发展，各网格承担任务变化差异较大，存在区域任务不平衡的现象；全市劳动争议兼职仲裁员队伍未有效建立，参与处理仲裁案件较少，兼职仲裁员队伍未发挥作用；委托调解组织的作用也未充分发挥；城区未设立仲裁机构，市仲裁院受办公场地、人员不足等因素影响，仲裁案件达到较高数量。

三、改革做法

（一）梳理优化办事流程，实现业务流转互通

依托“一体化”平台对劳动监察、劳动争议仲裁业务流程进行梳理整合及优化调整，将原先两条平行的单线流程重塑为一个可互相流转的维权闭环。将原有的劳动“微仲裁”模式（微信申请案前调解、微信开庭、微信查询办案进度）及劳动监察线上投诉、举报及办案进度查询等服务，整合为通过扫一码（“南宁维权”码）实现

监察仲裁一门进、智能分派。系统将扫码登记的劳动者的维权诉求，根据内设的案件分派规则自动将案件分派到调解、监察、仲裁程序处理。打破以往传统的案件处理方式，在“一体化”平台的建设过程中贯穿“调解优先”的理念，对劳动维权渠道进行了细分及升级。劳动维权案件分派实行调解先行，增设了调解渠道，简化处理程序，可由劳动保障监察网格管理员、劳动监察网格协查或基层调解组织进行案件调解。调解不成功的，再根据具体案情分流至劳动监察或仲裁案件办理流程。

此外，还利用“智慧人社”全量业务数据优势，通过信息化手段，构建了劳动争议仲裁、劳动保障监察、社会保险数据之间的协作机制，实现了人社系统内部的企业参保信息、用工数据等信息共享。2020 年 8 月，在全国率先推出劳动维权“打包一件事”服务，将劳动维权、工伤维权等 2 类 10 项事项进行“打包”，线上线下同时为群众提供涵盖支付令申请、欠薪罪移送、法律援助申请等方面的多层次维权保障服务。

这种做法不仅简化了业务流程，提高了工作效率，更通过劳动维权一体化服务管理信息平台的建设践行“让数据多跑路，让群众少跑腿”的服务理念。

（二）创新完善服务机制，力求为群众提供更加高效、便捷、优质的服务

改革过程中，我们不断探索新的服务模式和技术应用。除了

过去传统的线上监察、仲裁申请等功能，进一步拓展了线上服务范围，依托电子社保卡、人脸识别、电子签名、云间直播等技术手段，群众及用人单位可使用线上庭审、线上送达、线上笔录、异步庭审等多项新应用，实现远程开庭，在线劳动监察调查询问，法律文书“在线送达”，材料接收“零跑腿”。通过数字赋能，推动无纸化办案，提高办案效率，增强群众获得感，提高满意度。在技术创新方面，依托区块链技术“去中心化”“不可篡改”“分布式账本”“共识信任”等技术特点，创新打造了“区块链电子劳动合同”应用平台，为企业和劳动者提供电子劳动合同在线签署、在线存储、在线查验服务；在劳动保障监察机构、劳动人事争议仲裁调解机构、社会保险经办机构，以及工会、仲裁、公证等单位建立区块链服务节点，实现签约数据依法共享、实时查验。

通过以上创新服务举措，不断完善劳动监察、劳动争议仲裁一体化改革的服务机制，力求为群众提供更加高效、便捷、优质的服务。

（三）注重改进工作机制，强化执法与监管并进

以往的劳动维权工作模式往往是等待案件上门后再进行办理，一旦有突发状况、集体案件发生，执法队伍疲于四处被动“灭火”，基层治理成效不佳。在劳动监察、劳动仲裁业务流程梳理整合、数据汇集的基础之上，充分运用劳动维权一体化服务管理信息平台优势，搭建齐抓共管的工作格局，建立实时监控和预警处置工作机制，

变被动为主动。

第一，通过数据内联外延，重点监测监察仲裁案件情况，重点关注特殊弱势群体如农民工、童工、女职工、困难群体。对重点关注对象提供劳动维权绿色通道、优先查办等帮扶手段，重点关注案件高发行业、涉案行业主管企业，收集关注党委政府、新浪微博、百度贴吧、新闻媒体等舆情信息及各大平台维权线索。及时处置，防止舆情扩散，及时干预风险。通过监测数据实时研判分析，指导决策，可以实现对劳动维权案件的快速响应和处理。

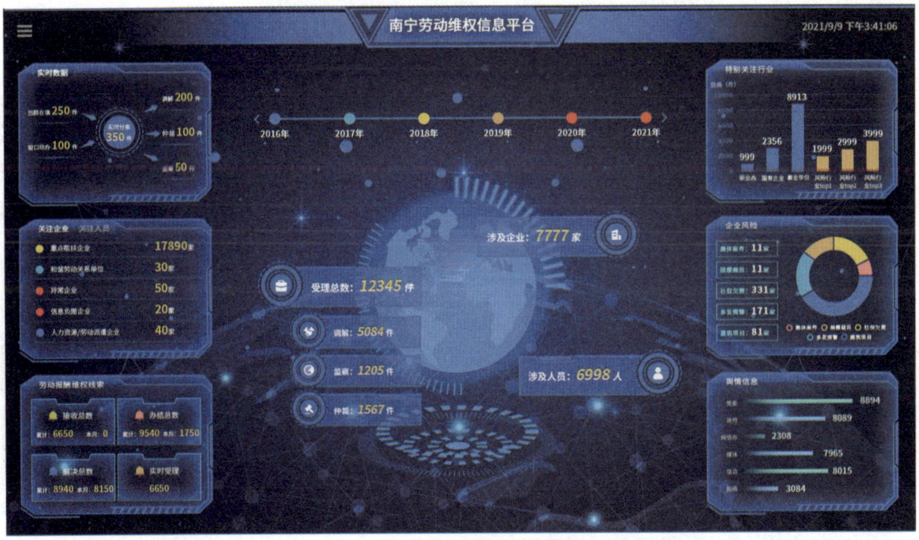

重点数据监控

第二，通过关联南宁“智慧人社”社保、就业等内部数据资源及市场监管、桂建通等外部数据资源，设置 23 项自动预警风险规则及手动录入预警信息，按照青、黄、橙、红四级预警处置机制，依托系统“全程跟踪、实时监控”功能，将劳动关系纠纷隐患、突发事件和重大案件等情况按照紧急程度从高到低进行分级预警、即时显示和实时通知，并以模块化的方式进行数据输送，通过实时地图和网格定位，随时随地可以通过劳动监察移动终端接收预警处置。同时配合预警板块开发了南宁市劳动保障监察移动终端应用，增加预警登记、预警处置等功能，强化了指挥系统的精准指挥能力和响应速度。实现网格、县区、市三级监管督办。通过加强数据分析和运用，推行用数据说话、用数据评价、用数据管理的办法，推动劳动维权工作从“数库收集”向“智库决策”转型。

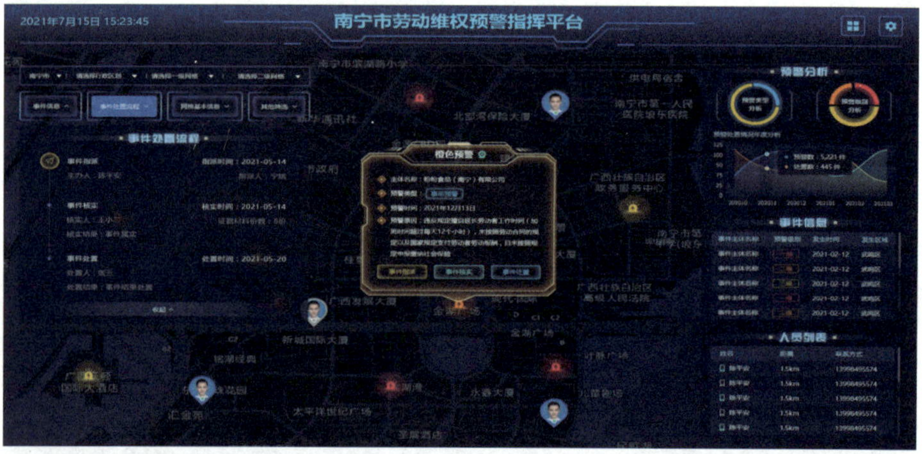

南宁市劳动维权预警指挥平台

四、改革成果

（一）实现了劳动关系、劳动监察、劳动仲裁业务大融合

用人单位、劳动者和各级人社部门、相关行业机构均使用一套

系统办理劳动维权业务，集成化程度高，为实现数据“多跑路”、劳动者“少跑腿”提供便捷的科技手段支撑。

（二）建立了劳动关系风险精准预警和及时化解工作机制

通过监控重点业务、重点群体和行业的数据，重点把控南宁市劳动用工趋势走向，研判分析形势，掌握工作重点。内联外延人社、住建、公安等部门数据，设置多项自动预警规则，形成监测劳资隐患的“数据大脑”。通过“数据大脑”生成四个等级预警，由劳动维权指挥中心统一调度，精准分派到劳动监察网格处置，铺设“横向到边、纵向到底”的劳资纠纷防范网络。通过预警处置机制将纠纷矛盾“抓小、抓早、抓萌芽”，指导服务企业合规经营，培养市场主体健康有序的经营环境，服务南宁经济高质量发展。

（三）整合多元专业力量调解机制

2020 年 6 月起，南宁市劳动人事争议仲裁委员会委托广西八桂律师事务所、南宁市甘露法律事务所等多家社会专业力量开展调解，形成“一院多所”联动调解的多元化调解机制。2021 年 9 月起增加“劳动监察协查员调解 + 仲裁确认”调解机制，由劳动监察协调员建立覆盖全市各城区、开发区的劳动监察网格与劳动仲裁联动案前调解网络。2022 年 8 月，南宁市人社局、市委政法委、市中级人民法院等八部门联合成立南宁市劳动人事争议多元联合调解中心，各县（市、区）也相继成立本级调解中心，实现市县全覆盖，构建起“大维权”“大调解”新格局。将调解人员及调解机构汇集在“智慧人社”劳动维权一体化服务管理信息平台，进行案件分流、分派，有效把劳动纠纷矛盾化解在前端、在基层。

（四）打造“确权 + 维权”机制

“区块链电子劳动合同”应用平台重点依托区块链的记录不可逆、数据可信存证等技术优势和南宁人社网上办事大厅的 CA 认证（电子签章认证）、南宁智慧人社 App 的人脸识别等便捷服务，为企业和劳动者提供电子劳动合同在线签署、在线存储、在线查验服务，并在劳动保障监察机构、劳动人事争议仲裁调解机构、社会保险经办机构，以及工会、仲裁、公证等单位建立区块链服务节点，实现签约数据依法共享、实时查验，切实解决日常“取证难、示证难、认证难、存证难”等问题，打造不可抵赖的“确权 + 维权”机制，推动规范用工、依法参保、根治欠薪，更加有效地维护企业和劳动者的合法权益。

（五）推动劳动维权融合受理、案件智慧分派模式

根据劳动者维权诉求，信息平台自动、精准分派案件至调解组织、监察、仲裁机构分流处置，为劳资双方提供连贯完整、全周期的维权服务链，较好地解决了监察和仲裁案件衔接难题。通过劳动维权平台，劳动维权投诉“无缝秒达”调解组织或劳动监察网格协查员，调解员依托“南宁人社”微信公众号、移动执法终端实现劳动纠纷掌上受理调解，较好地解决了群众劳动维权“多头跑”的难题。

五、改革效应

（一）从顶层设计上，统筹推进数据融通汇集

南宁市人社部门针对此前存在的业务协同难、信息共享难等问题，从制度层面做好统筹安排，依托系统流程设置和改造优化，促进劳动监察部门和劳动争议仲裁部门的业务重组和流程再造。用人单位、劳动者和各级人社部门、相关行业机构均使用一套信息平台申请和办理劳动维权业务，集成化程度高，增补或完善了原先的数据资源，打造数字服务链条，以数据服务赋能基层治理能力高质量提升。

（二）从应用场景上，实现科技创新赋能扩展服务空间

在线下，除在南宁人社服务大厅均能受理外，南宁市劳动保障监察支队、南宁市人事劳动争议仲裁院将受理前台合并为“劳动维权受理服务大厅”，整合法律咨询、案件受理、文书送达等多项业务，实现劳动维权咨询、受理、分类“一门通办”。在线上，通过一“码”受理，实现系统对投诉线索自主识别、自动分案，同时推出线上庭审、线上送达、线上笔录、线上执法等多项新应用。一方面有利于基层工作人员优化工作流程，减轻基层工作负荷；另一方面通过数字化信息系统简化办事流程有利于提升公共服务便捷化水平，打破空间壁垒，让群众切实感受到信息化带来的便利，增强人民幸福感、获得感、安全感。

（三）从成果转化上，不断提升基层治理效能

建立信息平台后，实现了劳动关系风险精准预警和及时化解。在推动劳动维权融合受理、案件智慧分派方面实现案件精准分流，为劳资双方提供连贯完整、全周期的维权服务链；更加注重发挥案前“多元调解”的优势，调解员依托“南宁人社”微信公众号、移动执法终端实现劳动纠纷掌上受理调解，并结合南宁市在全国率先探索的“司法确认”“绿色支付令”等多部门联合化解模式，努力将纠纷又“快”又“好”地化解在基层，打造劳动纠纷多元化解终点站。

劳动关系

专项改革案例九

创新推出劳动人事争议仲裁“云庭审”

一、改革背景

庭审是劳动人事争议仲裁的重要程序，更是贯彻落实习近平总书记“努力让人民群众在每一个司法案件中感受到公平正义”重要论述的关键环节。随着社会经济不断发展，劳动者法律意识日益增强，劳动纠纷越来越多样化，案多人少矛盾日益显现。广西南宁市劳动人事争议仲裁线下排期开庭压力较大、周期较长，庭审服务、庭审资源调度不够高效、科学，与群众便捷、高效的维权需求存在差距，并可能带来延期办案等履职风险。

为破解难题，南宁市迅速响应人力资源社会保障部2018年8月提出的实施“互联网+调解仲裁”行动的要求，市人社局组建专班攻坚开发建设南宁“智慧人社”业务系统。2018年12月，依托该系统，南宁市在广西率先推行劳动人事争议“微仲裁”，实现微信申请案前调解“零跑腿”、微信开庭“零距离”、微信查询案件办理进度“秒办”，劳动人事争议调解仲裁从“线下为主”向“线上线下全覆盖”快速转变。聚焦微信开庭严肃性、权威性、安全性、功

“劳动云维权”微信小程序登录界面

能性不足的问题，市人社局继续深化改革，2021 年 12 月在全区率先上线南宁市“智慧人社”劳动维权一体化服务管理信息平台，同步启用“劳动云维权”微信小程序，实现脸部识别当事人、在线庭审、在线笔录、在线送达等新功能，全面推行“在线庭审 + 异步庭审 + 书面审理”的“云庭审”套餐，实现“云庭审”常态化、当事人“零跑腿”，既保障群众生命安全，又保障群众享受到平等、便利的调解仲裁服务，构建起南宁市劳动人事争议仲裁线上线下审理互为补充、互为支撑、互为借鉴的常态化并行格局，为群众提供了更加普惠均等、便捷高效、智能精准的“24 小时不打烊”的“云庭审”服务模式。

二、改革难点

互联网时代背景下，群众普遍期待仲裁活动能够顺应数字化、网络化、便捷化的趋势，更加公正、高效、便捷、低成本，庭审改革面临很多难题。

（一）法律规范尚未统一，适用依据不够明确

广西未有统一的劳动人事争议仲裁“云庭审”适用依据和规范流程，南宁市率先试点“云庭审”面临诸多考验和挑战。

（二）技术要求相对较高，难题亟待攻坚破解

为保障“云庭审”与传统的线下庭审具有同等法律效力，庭审流程须完整、规范，但“云庭审”要实现在线核实双方当事人身份、陈诉答辩、举证质证、双方辩论、仲裁庭调查、签庭审笔录、送达等流程，存在诸多技术难题。

（三）群众需求不断增长，公正和效率需兼顾

复杂案件证据繁杂、争议焦点较多，而“云庭审”受当事人网络环境的影响加大，可能造成“云庭审”不够高效，需要想方设法同时兼顾“云庭审”的公平与效率，以满足群众不断增长的仲裁服务需求。

三、改革做法

（一）“云庭审”试水，实现从“线下办”到“微仲裁”

南宁市人社部门聚焦群众“急难愁盼”的劳动仲裁线下庭审“排期长、成本高、时间久”的问题，在当时广西未有统一的仲裁“云庭审”适用法律依据和规范流程的情况下，参照《中华人民共和国民事诉讼法》的规定，攻坚探索“云庭审”。

2018 年 12 月，依托“智慧人社”系统，南宁市在广西率先推

行劳动人事争议“微仲裁”，实现微信开庭“零距离”。对当事人由于身体、距离等原因不能到现场参加开庭的，南宁市劳动人事争议仲裁委员会经双方当事人同意后使用微信开庭。在庭审准备阶段，仲裁委通过微信视频，让双方当事人正脸面对视频摄像头出示居民身份证、授权委托书等身份材料，以确认双方当事人到庭真实身份信息。庭审全程依法定程序进行，通过微信视频对话、回复确认信息和同步录屏记录等方式，让双方当事人“隔空”参加庭审，“面对面”辩论，确保公开公正。

例如，南宁市的劳动者黄某因解除劳动关系争议向南宁市劳动人事争议仲裁委员会申请仲裁。由于用人单位在天津市，不方便到南宁市参加庭审。为了帮助双方尽快解决争议，仲裁委 2019 年 5 月 6 日“微开庭”远程调解，让距离 2 400 多公里的双方当事人“零距离”“面对面”参加庭审。庭审不到半个小时，就促成双方当事人达成调解协议：被申请人天津某技术公司于 2019 年 5 月 24 日前通过银行转账方式一次性支付申请人黄某经济补偿金 5 万元。

南宁市“云庭审”试水，实现从“线下办”到“微仲裁”。“不用等线下排期开庭，随时可‘云庭审’，零成本、时间快”，这是群众对“云庭审”的真实感受。

（二）“云庭审”升级，实现从“跑几次”到“零跑腿”

2020 年，突如其来的新冠肺炎疫情给当时劳动人事争议仲裁工作带来了新的挑战，疫情之下“对簿公堂”被紧急叫停，原本需要面对面进行的仲裁活动迅速让位于疫情防控，存量案件如何消化、新的矛盾纠纷是否受理，如何实现一手抓疫情防控、一手抓仲裁办案成为急需解决的问题。南宁市人社部门及时调整工作部署，转变工作方式，充分运用信息化技术，广泛开展“云庭审”，在切实保护人民群众生命安全和身体健康的同时，满足广大人民群众仲裁需求。

南宁市劳动人事争议仲裁委员会“云庭审”案件画面

例如，2020 年 3 月 3 日，南宁市劳动人事争议仲裁委员会通过“腾讯会议”App 视频开庭审理 2 件劳动争议案件，当庭成功调解，帮助 4 名劳动者追讨劳动报酬合计 6.72 万元，实现疫情防控期间服务“不打烊”，“不出户”“不见面”就能开庭。其中劳动者莫某是一名正处于哺乳期的妈妈，其案件被申请人委托代理人在江西不能如期到南宁出庭。经双方当事人同意，仲裁委通过“云庭审”远程视频开庭、全程同步录屏的方式，让双方当事人“隔空”参加庭审，“面对面”协商，最终当庭调解成功，并制作仲裁调解书送达劳动者，当日邮寄仲裁调解书给用人单位。最终莫某成功收到公司支付的3.8万元，在上班后依法享受每天1个小时的哺乳假至哺乳期终止。以往群众参加仲裁活动要“跑几次”变成了“最多跑一次”甚至“零跑腿”。

南宁市劳动人事争议仲裁委员会“云庭审”女职工莫某案件画面

（三）“云庭审”转型，实现从“单一型”到“套餐式”

2021年8月，最高人民法院正式施行《人民法院在线诉讼规则》，这是当时关于在线诉讼内容最全、适用面最广、效力层级最高的制度规范，为劳动人事争议仲裁“云庭审”提供了有力的参考。聚焦微信开庭严肃性、权威性、安全性、功能性不足的问题，南宁市人社局继续深化改革，2021 年 12 月在全区率先上线南宁市“智慧人社”劳动维权一体化服务管理信息平台，同步启用自主研发的“南宁劳动云维权”微信小程序，实现脸部识别当事人、在线庭审、在线笔录、在线送达等新功能，全面推行“在线庭审 + 异步庭审 + 书面审理”的“云庭审”套餐，主动提供差异化、精准化的“云庭审”服务，同时充分尊重当事人的程序选择权，确保“云庭审”降成本不降质量、提效率不减权利，不断提升仲裁质量、效率和公信力。

和以往“云庭审”相比，改革后的南宁市劳动人事争议仲裁“云庭审”因有专门的平台保障且增加新功能，更安全规范、更便捷高效、更流畅清晰。例如，网络庭审实现内外网同步联通融合开庭，即当事人、委托代理人在互联网参与庭审，仲裁员在内网主持开庭；实现线上线下融合场景开庭，可以双方当事人均在线开庭，也可以一方在线，另一方在仲裁庭开庭；实现脸部识别当事人、在线庭审、在线签笔录、电子送达等流程衔接，更便捷服务当事人，提高庭审质效。又如，异步庭审，当事人可以在线、非同步在平台提出诉辩意见、进行举证质证，依托平台实现庭审笔录自动生成、保存，经当事人在线签名确认后，可在后续庭审中继续使用。

例如，2022 年 8 月 5 日，因劳动者卢某尚在哺乳期不便到庭，南宁市劳动人事争议仲裁委员会对该案“异步庭审”，双方当事人在庭审之日 24 小时内登录“南宁劳动云维权”小程序，以在线文字留言形式完成庭审。最终该案调解成功，用人单位深圳市某安全技术公司收到仲裁调解书后，向劳动者卢某一次性支付 4.3 万元。

四、改革成果

（一）“云庭审”便民利民，让公平正义“触手可及”

“云庭审”是互联网时代仲裁便民利民的重要方式。通过“云庭审”，当事人只要打开手机或计算机，就可以“24 小时随时随地在线参加仲裁”“足不出户在线开庭”，也能通过电子送达“一键”查收仲裁程序性文书和证据材料，充分享受“云庭审”带来的高效便利。

（二）“云庭审”便捷高效，让权益维护“提速增效”

通过“云庭审”，可以更好地提高案件审理效率。例如，“南宁劳动云维权”小程序可以实现仲裁员和当事人的即时沟通，在线签庭审笔录、电子送达等环节都大大缩短了案件审理周期。南宁市创新推出劳动人事争议仲裁“云庭审”两年来，办理案件逾千件。

（三）“云庭审”减轻诉累，让仲裁为民“更有温度”

“云庭审”既减轻了当事人往返仲裁机构的诉累，又缩短了仲裁时间、降低了仲裁成本，充分保障、满足了群众的多元化仲裁需求，彰显了仲裁为民的温度。